スピーチや会話の「えーっと」がなくなる本

高津和彦
スピーチトレーナー

フォレスト出版

まえがき

「えーあー人間」から脱出しよう！

「えー、皆さん、こんにちは。」

こんな書き出しの原稿を書く人はまずいないでしょう。そりゃそうですよね、〈えー〉は不要な言葉ですから。

しかし、いざ人前に立ってマイクを握ると、開口一番、〈えー〉が出てしまう。出そうと思って出しているわけではないだけに、この問題に悩んでいる人は多いはずです。

私が主宰する話し方講座では、最初に受講生のスピーチを分析するためにその様子を撮影するのですが、「私はすぐに〈えー〉と言ってしまうので、今日は絶対に

〈えー〉と言わないようにがんばります。えー、……」と爆笑をかっさらう人がいる。

次こそは出さないように！　と心に決めても、少し気を抜いただけで〈えー〉や〈あー〉が続々と飛び出してきます。ある人の場合、いくつ〈えー〉や〈あー〉などの意味のない言葉が出てくるのかを映像を見ながらカウントしたところ、なんと1分間に16回も出ていました。4秒に1回は出てくるレベルです。これでは当然、聞いている人の耳に障ります。

きっとこの方は、会議やスピーチで、〈えー〉を連発していて、まわりから話すのが下手だと思われていることでしょう。**いくら話す内容が良かったとしても、余計な〈えー〉〈あー〉が頻繁に入ってきたら、残念ながらそのような評価を下されてしまいます。**

また、別の日の講座では、ある企業の採用担当の受講生が次のように言いました。

「〈えー〉とか〈あー〉とか〈まあ〉とかを多発する人は、やっぱり、えー、落としますよね。あのー、まあ、考えが定まってないっていう印象がありますから」

自分がどれだけ〈えー〉〈あー〉〈まあ〉を言っているのか。まったく自覚していないのです。

その一方、ある学生の受講生は雑談タイムに、就職説明会に参加したときの感想を話してくれました。

「採用担当者が、あまりに頻繁に〈えー〉〈あー〉と言うので、いつの間にか何回言ったか回数を数えることに注意が向いてしまって、途中から説明が全然耳に入らなくて……。こんな担当者で大丈夫かなと思いました」

先日も別の受講生が、この学生と同じようなことを言っていました。

「財務関連のセミナーに行ったんですが、すごくためになることを説明しているのはわかるんです。でも、しばらく聞いていると、言葉の端々に入ってくる余計な〈えー〉〈あー〉が気になって理解が追いつかなくなってきたんです。それで段々と聞く気が失せてしまいました」

〈えー〉〈あー〉をなくすだけでこんなに変わる

〈えー〉〈あー〉〈まあ〉を多発させて話す人はたくさんいます。あなたの頭の中にも何人か浮かんだんじゃないですか？　あるいはあなた自身が発しているのかもしれません。

ただし、雑談程度や短い時間で話すのであれば、まわりはそこまで気にしません。開口一番、「えー、私は」と言ったとしても、聞き手は「イヤ！　こんな人」というほどの拒否感は持ちません。言った本人もとくに恥ずかしいとは感じませんし、そもそも〈えー〉〈あー〉を言っている自覚すらない人も多いでしょう。

しかし頻繁に繰り返されることによって、徐々に、そして確実に、聞き手は聞く気が削《そ》がれていきます。

そして、ちょっとカッコ悪いと思ってしまう。そのカッコ悪いという思いは、聞く気が削がれるのと並行して、だんだん強くなっていきます。

皆さんも経験していることでしょう。

しかし、それは聞き手の立場の場合だったときですね。反対に、あなたが話し手だったとき、あなたの〈えー〉〈あー〉を聞き手がどう思うかを想像したことはありますか？

そうした問題に気づき、本書を手に取ったあなたには、今、この〈えー〉〈あー〉を直すチャンスが到来したのです。

ぜひ、このチャンスをものにして、**〈えー〉〈あー〉がほとんど出ない話し方を手**

に入れてください。それだけであなたの話し方は格段にレベルアップします。

自信にあふれたように見え、話の内容も格調高く感じられ、「デキる人」として評価されます。より効果的なコミュニケーション力が発揮されます。朝礼のスピーチで拍手が出ます。上司への報告が的確だと評価されます。ミーティングの進行役を指名されます。乾杯の発声を指名されます。会の締めの挨拶を任されます。

そして就職面接で、昇進昇格試験で、審査官の前でのプレゼンテーションで、心が決まっている人と思われます。それによってキャリアアップの可能性が生まれ、あなたの人生が大きく開けていきます。

逆にいえば、これまで話す内容に自信がありつつも、自分が期待しているほど評価されなかったと感じている人は、スピーチや会話の内容に悩む前に、ひとまず〈えー〉〈あー〉をなくせばいいだけなのかもしれません。

そう考えると、とても簡単だと感じるのではないでしょうか。

たった1日で改善できる！

さあ、あなたの前に立ちはだかる厄介な〈えー〉〈あー〉問題に真剣に向き合ってみましょう。

本書では、スピーチや会話から〈えー〉〈あー〉〈えーっと〉などをなくすために、スピーチトレーナーである私が次の要素について解説していきます。

- 〈えー〉〈あー〉〈えーっと〉が出るメカニズムとは何か？
- 〈えー〉〈あー〉〈えーっと〉とはそもそも何なのか？
- 〈えー〉〈あー〉〈えーっと〉が出るメカニズムを正すにはどうしたらいいのか？
- 〈えー〉〈あー〉〈えーっと〉が出ないスピーチ原稿とはどのようなものか？
- 〈えー〉〈あー〉〈えーっと〉を解消するためにはどんなトレーニングをすればいいのか？

私は話し方講座を通じて、これまでたくさんの「えーあー人間」を見てきました。そして原因を分析し、トレーニングを課して、彼らを〈えー〉〈あー〉から決別させてきました。これまでを振り返ると、**1日で全体の50パーセントほどの人が、そ**

して残りの50パーセントの人も3日程度のトレーニングを積み重ねることで、気にならないレベルにまで改善しています。

あなたも本書を読んでトレーニングをすれば、必ず短期間で〈えー〉〈あー〉をなくすことができます。

さて、ここで用語を統一しておきましょう。

ここまで「話すときに連発される不要な挿入語」を、〈えー〉〈あー〉と表記してきました。しかしその種の挿入語は、それ以外に〈まあ〉〈あのー〉〈えーっと〉〈ムー〉……など、たくさんあります。

ところが、それらを一言で総称するような言葉が社会に浸透していません。「言いよどみ」や「つなぎ言葉」「遊び言葉」「言葉のヒゲ」という言われ方があるにはあります。

しかし、「つなぎ言葉」と聞くと「つなぐ？　アンドのこと？」などと違ったニュアンスで伝わってしまいます。「遊び言葉」と聞いて、「〈えー〉や〈あー〉のことだね」と正しく把握できる人はほとんどいないでしょう。

議事録を作成するときや、インタビューのテープ起こしをする際に、無駄な言葉を削除することを「ケバ取り」と言いますが、「ケバ」という言葉も一般化していません。

つまり、これらの言葉は、まだまだ誰にでもパッと理解されるほどの市民権を得ていないということです。

そのことに気づいたとき、この〈えー〉〈あー〉問題の根深さをさらに実感しました。なぜなら、悩んでいる人は多いはずなのに、「問題」として認知されにくく、それゆえに本格的に改善法が語られてこなかったのではないかと感じたからです。

話し方の関連本は山のようにあるのですが、この問題の解決法を1冊でまとめたものがまだありません。おそらく本書が初ということが、それを証明しているのでしょう。

〈えー〉〈あー〉とは「フィラー」のこと

では、これらの言葉をどう表記していくかですが、本書では、学術論文などでも使用されている「フィラー」という用語で統一していきます。

フィラー（filler）とは、「fill」が「詰める」、「er」は「するもの」を意味する接尾辞です。すなわち、「詰め物」「充填剤《じゅうてんざい》」「つなぎ」「緩衝材」といった意味を持つ英単語であり、単語や文節、文章の「合間に挟み込む言葉」を幅広く指します。

以降、〈えー〉〈あー〉などを「フィラー」と称していきますので、頭に入れておいてください。

もくじ

スピーチや会話の「えーっと」がなくなる本

プロローグ

フィラーを生み出す3要素

第1章

なぜ、無意味な言葉が出てしまうのか？

＊フィラーとは何か

第2章 内面の不安や自信のなさが表に出る理由とは？

＊「心（感情・性格）」とフィラー

フィラーと性格

「心」をコントロールするにはどうすればいいか？

第3章 理性の力で整理してから言葉にしよう

＊「思考」とフィラー

どんなときにフィラーが出やすいのか？

もう、空く〈間〉は怖くない！

第4章 自信に満ちた声で雑音を消し去る

＊「声」とフィラー

第5章 どんな場面でも次々言葉が出てくる！

＊脳内原稿のつくり方

フィラーを出さないストーリー構築

時間がないとき、どうやって話す内容を決めるのか？

第6章 目指せ！ フィラーなしスピーチ

＊実践トレーニング

装丁　河南祐介（FANTAGRAPH）
図版作成　富永三紗子
本文デザイン・組版　フォレスト出版編集部

プロローグ

フィラーを生み出す3要素

フィラーは3つの要素が原因で生まれる

フィラーが出る原因は何でしょうか?

「緊張しているから」「考えがまとまっていないから」「自信がないから」「癖《くせ》になっているから」「口下手だから」……。

このほかにも、探そうと思えばいくらでも出てくるでしょう。おそらく原因の一つひとつを虱潰《しらみ》しにしていけば、フィラーは出なくなるのでしょうけれど、それでは膨大な時間がかかってしまうこともあり、あまり現実的ではありません。

なぜなら、緊張を解いたからといって考えがまとまっていなければフィラーは出てしまいますし、考えがまとまっていても緊張していたら、やはりフィラーは出ます。

こっちを叩けば、あっちが出てくるという、まるでもぐら叩きのようにきりなく原因に対処しなければならないのです。

そこで私は、それらの「もぐら」が出てくるメカニズムに注目してみました。メカニズムさえ知ることができれば、このあとに顔を出すであろうフィラーの原因も予想でき、未然に防ぐことができるというわけです。

では、フィラーのメカニズムとは何でしょう？

私は**「心（感情・性格）」「思考」「声」を動力源としたメカニズム**と考えています。「心（感情・性格）」「思考」「声」の３つが同期し、安定して動いていればフィラーは出ませんが、このうちの１つでも不具合が発生すれば、メカニズムに不均衡が生まれ、フィラーを発生させてしまうというわけです。

「心（感情・性格）」「思考」「声」とは何か？

では、はじめにメカニズムを構成する「心（感情・性格）」「思考」「声」について、定義しておきましょう。

心（感情・性格）：喜怒哀楽、驚き、不安、プレッシャー、羞恥心《しゅうちしん》、あがる、自己肯定感、引っ込み思案、目立ちたがり屋などさまざまな感情や性格が支配する要素。
思考：自分の意見をまとめたり、話す内容や順番を整理する。また、言うべきこと・言うべきではないことを判断する要素。
声：発声、声量、歯切れの良さ、滑舌をコントロールする要素。

特に、**「心（感情・性格）」と「思考」の違いを明確に理解してください。**

私の受講生の中にも、心＝思考ととらえてしまう人がいます。その違いを理解しておかないと、「心（感情・性格）」領域で感じたことが「思考」領域を素通りして、直接「声」に出ることが癖になってしまう可能性があります。そして、「思わず口にしてしまった」と、あとで後悔するような舌禍《ぜっか》は、この2つを同一にしているから起こるのです。

もちろん、抑えがたい喜怒哀楽や強烈な情動は、「思考」を通り越して表情や声に出ることがあります（これは間投詞、感嘆詞と呼ばれるものです。47ページ）。後述しますが、そのような場合には、素直であればあるほど、逆にフィラーが出ることは稀でしょう。

しかし、先のリスクを考えると、「心（感情・性格）」と「思考」を区別して考えてください。

インターネットの書き込みを見てください。社会生活では絶対に使わないような罵詈雑言《ばりぞうごん》があふれています。「匿名だから大丈夫だ」という意識でいるので、「この言葉で傷つく人がいるかもしれない」「セクハラかもしれない」という「思考」のストッパーがかからないし、かけようとも思っていないのです。結果として、ゆがんだ心が、そのまま出てしまっています。

心で感じたことを、表に出していいものかどうかを判断する「思考」の存在を意識するのは必須です。

「心（感情・性格）」を感性、「思考」を理性として区別すると、腑《ふ》に落ちる人もいるかもしれませんね。

フィラーが絶対出る、あるいは出ない状態

では、フィラーを出さないためには、それぞれ3つの要素がどのように同期すればいいのでしょうか？　つまり、フィラーが絶対に出ない状況です。

フィラーが出ない典型的な状態

心（感情・性格）：平常心を保っている。自信がある。自己肯定感が高い。
思考：話す内容が決まっている。よそ行きやお仕着せの言葉ではなく、自分の言葉で話せる。
声：短く簡潔で歯切れが良い。大きな声が出せる。滑舌がいい。

それぞれがこのような状態になっていると、フィラーが出ることはほとんどありません。完璧は難しいかもしれませんが、フィラーを出さない話し方を手に入れる

フィラーをコントロールする３要素の概念図

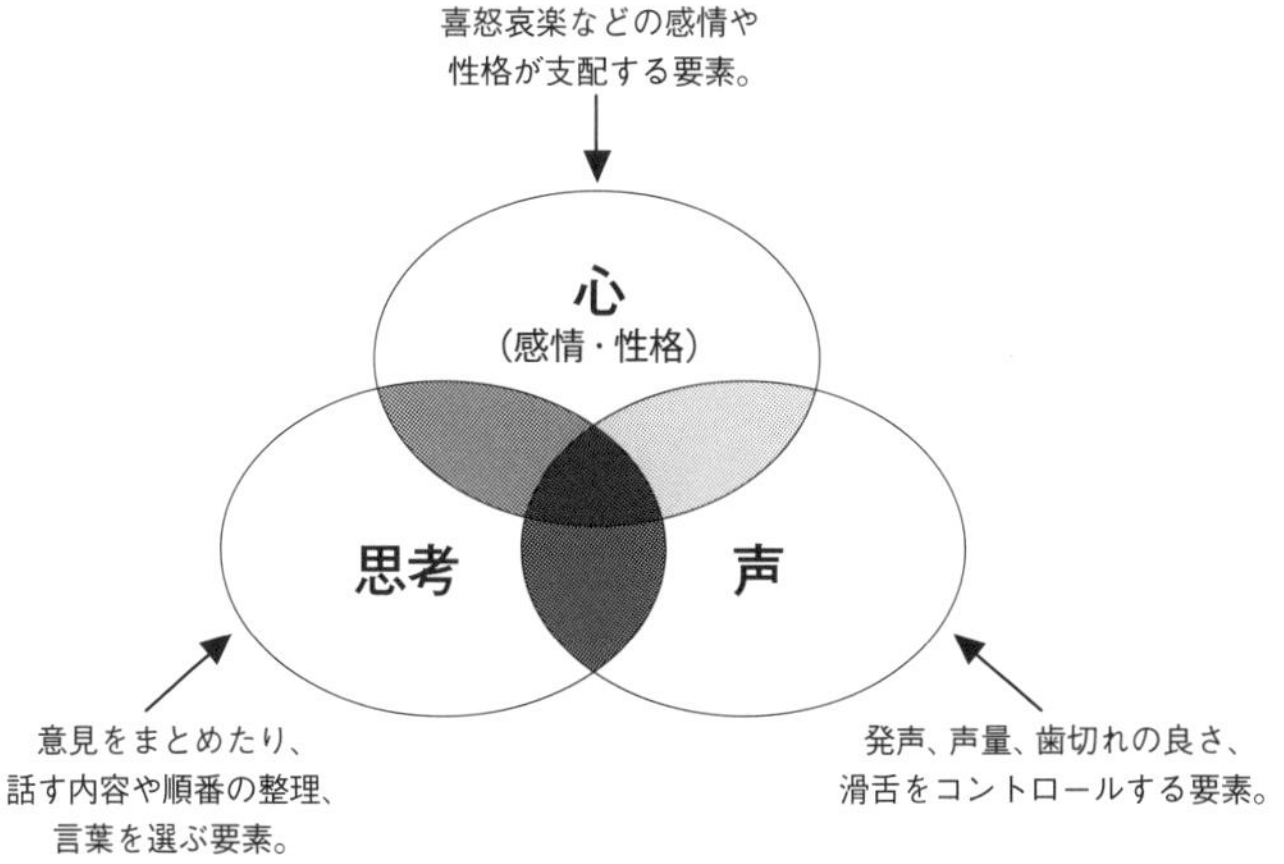

それぞれの要素の領域が安定し、お互いが補完関係にあるため、
フィラーが出にくい理想的な状態

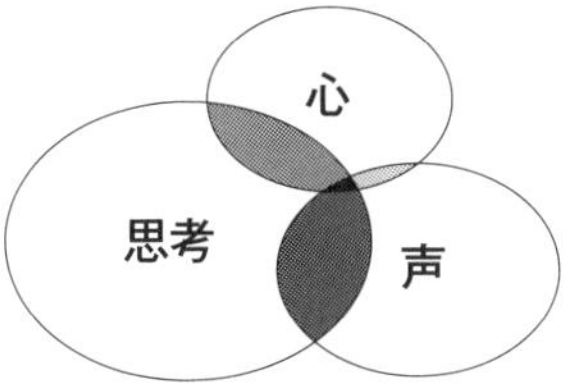

各要素の力にばらつきが
あるために、重なりが少ない。
こうしたときにフィラーが
出やすい状態

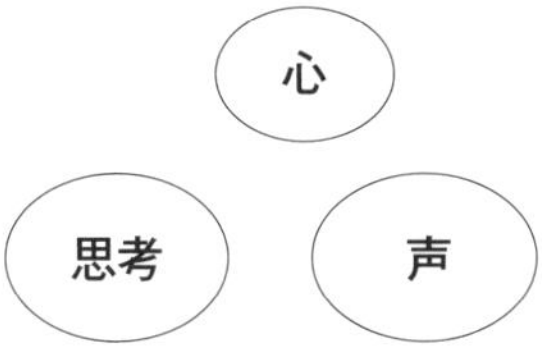

各要素の力が全体的に
小さいため、重なりがない。
補完関係を築けないため、
フィラーが間違いなく出る状態

ためには、この状態を目指すことになります。

一方、間違いなくフィラーが出るのはどんなときでしょう？

フィラーが出る典型的な状態

心（感情・性格）：緊張している。自信がない。カッコつけようとしてしまう。
思考：話す内容が決まっていない。長い原稿を暗記している。
声：声が小さい。滑舌が悪い。1センテンスが長い。

「心（感情・性格）」「思考」「声」のうち、たった1つの状態が悪いだけでフィラーが出る可能性が高まるのに、3つ全部がこのような状態であれば、確実にフィラーは出るでしょう。

ただし、**どれか1つが不安定でも、残りの2つがそれを十分に補うことができれば、フィラーを防ぐことができます。**これは1つの安心材料として存在します。

たとえば、緊張していても話す内容がきちっと決まっており、元気良く大きな声で話すことができれば、フィラーは出にくいですし、出たとしても聞き手はあまり気になりません。

フィラーを消すために一番大切なこと

フィラーが出るメカニズムについて、「心（感情・性格）」「思考」「声」の3要素で解説してきました。

しかし、いつも自信満々、頭脳明晰、声も大きいのに、なぜかフィラーを連発する人がいるのは事実です。これは、「心（感情・性格）」「思考」「声」の問題というよりも、完全に癖《くせ》になっているのでしょう（もちろん、ほとんどの人は、この3要素に問題があり、かつ癖になっているはずです）。

この癖という部分にのみ焦点を当てると、対処法は1つしかありません。「絶対にフィラーを出さないぞ」と心に誓ってから話す、ということを、逆に癖にするしかないのです。

身体で覚えるということ

「身体知」という言葉をご存じでしょうか？　知恵というものは頭で覚えるというイメージが先行しますが、逆上がりや自転車の運転などのように、頭ではなく身体で覚えることを「身体知」といいます。

「地面を強く蹴って、両足を思い切り高く上げ……」と、頭では逆上がりのコツをわかっていても、最初は成功しないのと同様に、「フィラーを出さないように……」と頭で念じたところで、すぐに消すのは難しいはずです。

しかし、はじめて逆上がりができた、自転車に乗れたときのことを思い出してください。結局は練習、そして慣れによって身体が覚えたという実感があったはずです。

同様に、**フィラーを出さないように習慣化していくことで、そのうちに頭で考えなくても、フィラーが出ないようになります。**

「〇〇をすればフィラーが消える」という即効性のあるスキルをお伝えできればいいのでしょうが、この問題ばかりは「身体で覚えるしかない」としか言いようがありません。

フィラーが出やすいセンテンスと文節

文節	文節	文節	文節	文節
私は	**話すときに**	**フィラーが**	**出ないように**	**したい。**

句点〈。〉までの文節の集まり =1 センテンス（一文）

文節が集まってセンテンスに、センテンスが集まって文章になる。センテンスの冒頭、文節の冒頭にフィラーが入り込みやすいので要注意。

まるで矛盾しているような話にも思えますが、フィラーが癖になっている人は、フィラーがあったほうが、言葉が出やすい身体になっています（一方、聞き手側は聞きづらいのですが）。したがって、「フィラーを出さないように……」と意識することで、はじめの頃は言葉がなかなか出てこないといった、強烈な違和感、不自然さを感じるかもしれません。

その場合は、「最初のセンテンス（一続きの句点までの言葉）の文頭のフィラーだけは絶対に出さない」という一段下げた目標からスタートし、徐々にハードルを上げて改善していってください。

これは自分のフィラーが気になる人全

体にいえることですが、まずは「フィラーを絶対に出さない！」という強い意志がなければ治りません。そのうえで、本書でお伝えしている改善法やトレーニングを実施しなければならないのです。

「心（感情・性格）」「思考」「声」を理想の状態にするにはどうすべきかは、第2章〜第4章で詳しく解説します。その前に、「そもそも、フィラーとは何か？」について考えていきます。敵を知り己れを知れば百戦殆《あや》うからず、だからです。

第1章

なぜ、無意味な言葉が出てしまうのか?

*フィラーとは何か

フィラーの徹底分析

フィラーを不快に感じる理由

フィラーは挿入語、それも不要な言葉です。本来は入れる意味もない、話し手が入れようという気もないのに、意に反して勝手に入ってしまう言葉です。

なぜ不要といえるのでしょうか。それは入ることによって、次のようなデメリットがあるからです。

話が長くなり、文意が複雑化する

フィラーが入ると、その分だけ話が長くなり、文の構造が複雑化します。それだけ聞き手にとっては、話の内容を汲《く》み取りにくくなります。端的にいえば、**長文はわかりづらく、短文はわかりやすい。**客観的に見ても、字数に比例してわかりづらくなります。

「比例《ひれい》します」（6字）

「えー、まっ、比例していくと、あのー、ということです」（22字）

6対22。当然、聞き手は前者のほうがすぐに頭に入り、理解できます。

また、「えー、まっ、比例していくと、あのー……」と言われると、この先、話の内容はどこに向かっていくんだろうと、聞き手は一瞬思ってしまいます。この「心の揺れ」がストレスになるのです。

屁理屈をこねる人はこう言うかもしれません。早口で言えば時間がかからないからすぐに理解してもらえるのではないか、と。

これは一理あるかもしれませんが、通常の場合において人は、フィラーが出るときに〈、〉（読点）で言葉が途切れます。「まっ、比例、ということです」の、それぞれの〈、〉で必ず止まります。だから早口で話したとしても、結局その分、時間がかかってしまいます。

そもそも、フィラーも含めて早口で一文のように見せかけようとしても、聞き手の耳が追いつきません。不要な語が散在しているので、余計わかりにくいということもあります。

一方、「比例することになってくるんですよね」の場合は文は長くなりますが、〈、〉（読点）でセンテンスの文節（センテンスを区切った最小単位）が必要以上に区切られていないので、「比例します」と同じくらいわかりやすい。これはフィラーが入っていないからです。

とはいえ、より時間がかかることと、長いとフィラーが入る可能性が高まることは否めません。

心が定まっていないと聞き手に思われる

自分の中に**次に何を語るべきかを探している状態のときに出る典型的なフィラー**が〈えー〉〈えーっと〉〈あの〉です。身に覚えがあると思いますが、そうした内面というのは、どう取りつくろっても、恐ろしいほどストレートに聞き手に伝わってしまいます。

「この人はきっと、何を話すのか決まっていないんだな」と。
そう思われた瞬間、話し手への興味は半減することでしょう。「適当なことを言ってお茶を濁すつもりだ」と思われても仕方ありません。

自信がない人と思われてしまう

聞き手が不快に思うほどフィラーを連発する人がいます。面接やプレゼンのような場であれば、いくら前向きな気持ちがあっても、「頼りない人」「自分の意見に自信がない人」という印象を持たれてしまいます。
最悪の場合、次のような負の螺旋《らせん》階段を転がり落ちることになります。**フィラーを連発する→頼りない→自信がなさそう→仕事を任せられない→ビジネスパーソンとして信頼できない……**というふうに。

嘘をついていると思われる

人は自分の意に反すること、内面と真逆なことを言うとき、フィラーが出やすいものです。嘘とはいわないまでも、聞き手は「きっと本心ではないんだな」といぶかるかもしれません。

本心を言っているのに、フィラーが出たことによって嘘だと思われたら最悪ですよね。

このほかにも、デメリットはたくさんあると思いますが、代表的なものを紹介しました。

しかし、フィラーが出る人を一言でいえば、**やっぱりカッコ悪い！** これに尽きます。絶対に直しましょう。

フィラーが出やすいシチュエーション

フィラーが出やすいシチュエーションというのはどういうものでしょうか？ それを知っていれば、何らかの対処ができるかもしれません。

とはいえ、個別かつ具体的に挙げていくと、きっといろんな場面が出てきて、まとめきれないのではないかと思います。

したがって、ここでは典型的なものを、大きく2つに分けて考えましょう。

1つは、相対する人などから**「外圧」がかかったシチュエーション**で、もう1つが自己の内面から外圧に対抗しようとする力、つまり**「内圧」をかけられないシチュエーション**です。この2つは基本的に相関しているのですが、あえて2つに分けることで、自分が置かれている状況を客観的に分析できます。

つまり、「今、フィラーが出ているのは、『外圧』の問題なのか、あるいは自分の『内圧』の問題なのか、はたまた両方なのか」と考えることができ、そこから改善の糸口をつかむことができるのです。

フィラーが出やすいシチュエーション（外圧が強い場合）

- スピーチ
- 面接
- 会議
- 1対複数（セミナー、司会など）

- 聞き手が権力者、有名人、怖い人
- 告白やプロポーズ
- 撮影されている状況

当然といえば当然ですが、あらためてこのように列挙して眺めてみると、おおよそプライベート以外の場面が多いことがわかります。

プライベートであっても、告白やプロポーズなど非日常の場面では、フィラーが出やすい。これは皆さんもきっと経験されたことだと思います。

フィラーが出やすいシチュエーション(自己の内圧が弱い場合)

- 話すこと、考えがまとまっていない
- 本音と違うことを話さなければならない
- 相手の質問の意図がわからず、答えに窮する
- 相手の質問に正直に答えると、窮地に陥ってしまう(嘘をつきたくない)

- 責任を課されている
- 恥ずかしさを感じている
- 緊張している
- 相手の返答で運命が決まる
- カッコつけている（自意識過剰）
- 相手に嫌われないか、怒らせないか、傷つけてしまわないか不安

やはり「心（感情・性格）」の安定こそが、フィラーを出さないためには重要だということがわかります。

外圧をともなう対人面のシチュエーションとは違い、プライベートにおいても頻繁に起こりうる心理面のシチュエーションもたくさんあります。

たとえ友人との会話でも、嘘をつかなければならないときもあるでしょうし、思いを寄せる人の前では多少は緊張するものです。知人の男性などは、美人を前にすると急性の失語症になると言っていました。

ただ、プライベートの場面でフィラーを出さないように意識するのは気にしすぎ

かもしれません。**フィラーが出ることも受け入れてくれるような仲間やコミュニティを築くことこそが大切**なのであり、そうした環境がすでにあるのであれば何の問題もありません。

ただ、仕事やオフィシャルの場では損をすることが多いので、出さないようにしたいですよね。

フィラーが出にくいシチュエーション

一方、フィラーが出にくいシチュエーションとはどのようなものでしょうか？

こちらも「外圧」と「内圧」に分けて考えてみましょう。

フィラーが出にくいシチュエーション（外圧が弱い場合）

- 気兼ねしない仲間との雑談
- 社内や組織内での、業務とは無関係な雑談

- 家族や友人との会話
- 部下への指示
- 独り言

フィラーが出にくいシチュエーション(自己の内圧が強い場合)

- 自分の意見に自信がある
- 喜怒哀楽の感情が爆発している
- 自分のほうが立場が上

当然、心的負担がかかってこない友人や家族との間でもフィラーは出にくいでしょう。

一方、おごったような心理状態だったり、感情の爆発がそのまま表に出てくるようなシチュエーションもありますが、**「自分が主導権を握っている状況」「自分に自信がある」「自己肯定感が高い」ときに、フィラーが出にくい**ということが見えてきます。また、フィラーが出やすいシチュエーションと比較して、項目数の少なさも際立っています。

フィラーにもいくつかの種類がある

では次に、フィラーの種類について見ていきましょう。

〈えー〉〈あー〉以外にも、フィラーはたくさんあると先述しましたが、フィラーが出るタイミングによっていくつかに分類することができます。

文頭挿入のフィラー

一番よく耳にするのが、センテンスの文節の頭に入るパターンです。心理的抑圧のためにさっと本題に入れず、勢いをつけるために入れてしまうフィラーです。

「えー、ただ今、ご紹介にあずかりました○○です」
「えーっと、皆さん本日はお集まりいただきありがとうございます」

「まっ、今日は無礼講ということでね」

センテンスの文頭に入れるくらいであれば問題はないのですが、「えー、ただ今、あー、ご紹介に……」と文節ごとに入ってくると耳障りになってきます。

母音引きずりフィラー

直前の文節の最後の母音を引きずるフィラーもよく耳にします。話の中で〈間《ま》〉が空《あ》くのが怖いのか、とにかく話を繋げたいという心理から出てきます。

「いろんなものぉー、こういったぁー、ふうにぃー、もっていってぇー、……」

「これはぁー、すごくぅー、いいなぁとぉー、……」

母音が多い日本語ならではのフィラーともいえます。

先の「文頭挿入」と、この「母音引きずり」については、話し手はほとんど無意識にフィラーを入れている場合も多いと思います。

つまり癖になっている可能性が高いのですが、少なくともそれを自覚することが、改善への大きな一歩なのです。

文節の区切りに、たまらず入れてしまうフィラー

話を続けられなくなったときに苦し紛れに入れてしまうフィラーが次のようなものので、この状況に陥ると、フィラーが連発される傾向にあります。

「私はこのような状況をまず社内全体に伝えて、皆さん一人ひとりに知ってもらおうと思い、そうすれば早いうちに対策ができるんじゃないかと、こんな気持ちが先走ってですね、直接、社長に話をもっていって、えー、……」

このように話を区切ることなく続けると、たまらず〈えー〉と言ってしまいます。なんとか次に繋げなきゃいけないという切迫感が聞き手にひしひしと伝わります。話し手の頭の中は「とにかく文章を切らないように」といっぱいいっぱいになっているのです。

言葉の中途に入るフィラー

意識していない人には信じられないかもしれませんが、次のように「単語の中途」でもフィラーを入れてしまう人がいます。

「子どもは2人いて、上の子が小学、えっ？　小学生で」

「小学」までできたら、普通は「小学○年生」「小学校の○年生」、あるいは「小学生」のうちのどれかの言葉になるでしょう。しかし、単語の中途で言葉に詰まってしまうのです。

原因として考えられるのは、ふとした拍子に襲ってくる不安です。「こんなしゃべり方でいいのかしら？」というちょっとした気がかり、「小学生にしようか、学年まで言う必要があるのか？」とふっと迷う心の躊躇《ちゅうちょ》、動揺が、「言葉の中途」にもかかわらず、フィラーを入れてしまうのです。

間投詞や感嘆詞は、本来驚きや感動から出るもの

驚き、喜び、悲しみなどの感情が起きたとき、ふと口をついて出てくる言葉を間投詞と言います。文字どおり、時間の〈間〉に「投げかけられた」言葉です。それは頭で考えたものではなく、身体の自律しようとする力を超えて出てしまうものです。そういう意味ではフィラーと同じです。

では、間投詞とフィラーは厳密には何が同じで何が違うのでしょうか？

フィラーと感嘆詞の違い

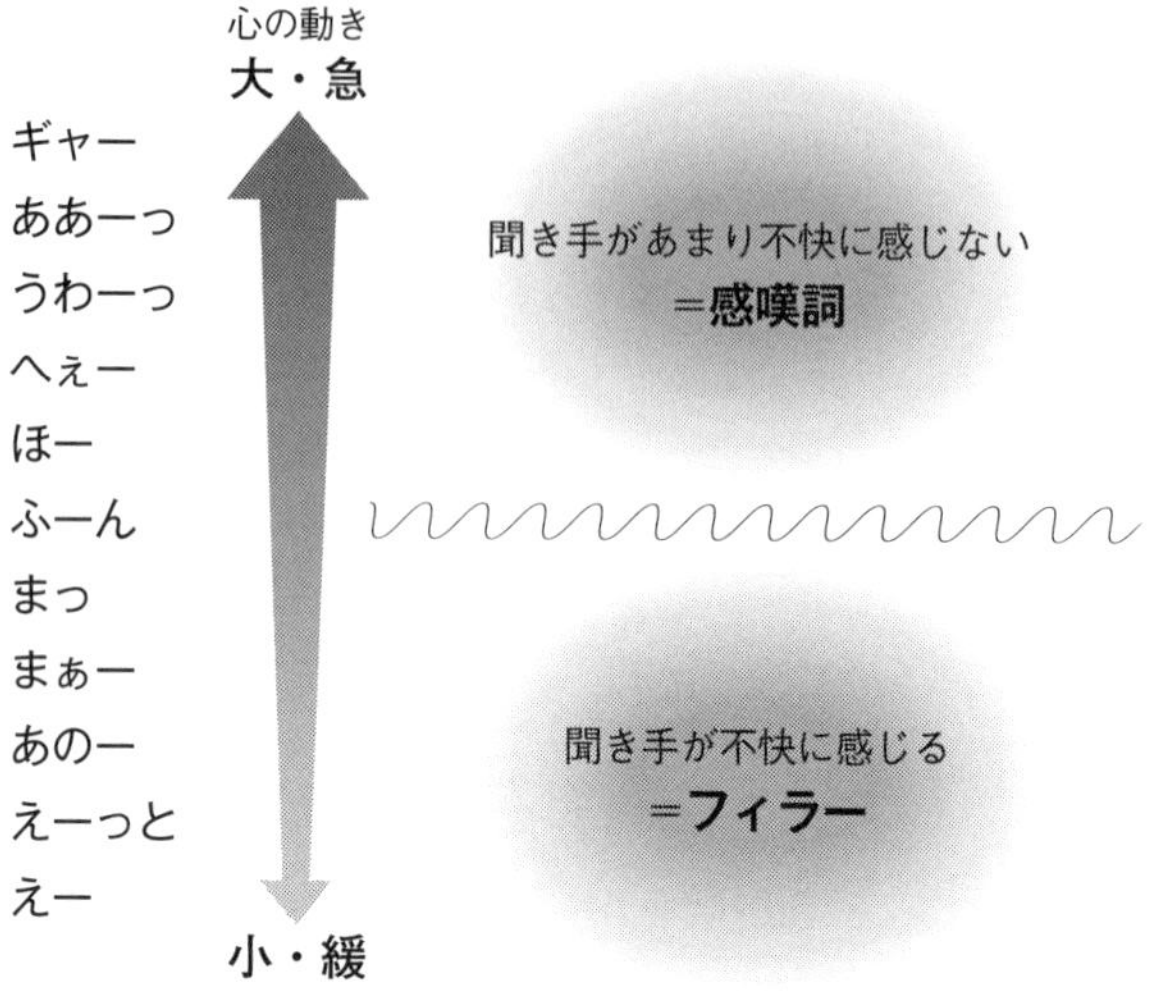

それは感動のボリューム、心の動きの大きさです。だから間投詞は感嘆詞とも称されます。「感じる」「嘆じる」という文字どおりの言葉です。

次の図では、感嘆詞の心の動きを、大から小へ、また急から緩で表現しています。

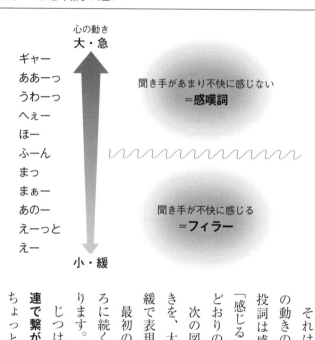

最初のいくつかは感嘆詞、後ろに続くに従ってフィラーになります。

じつは**感嘆詞とフィラーは一連で繋がっている**のです。心のちょっとしたレベルの違いで、発せられる言葉が違ってくるのです。

では、この感嘆詞やフィラーが発せられたときに、聞き手はどのような印象を持つでしょうか。

前提となる相手への好意や嫌悪感などは抜きにして考えると、感嘆詞は許される度合いが高く、フィラーは低いと見ることができるでしょう。

なぜなら、前者は「それはびっくりするよね」「それは素敵だね」と、聞き手が感動や恐怖をすぐに共感できるのに対し、後者は「なんでそんな緊張しているの？」「気の小さい人なのかな」と感じ、その心の動きに共感しようと思わないからです。

日本人以外にもフィラーは出るのか？

少し話題が変わりますが、海外にもフィラーはあるのでしょうか？

もちろん、「filler」という英単語があるとおり、**フィラーは日本語特有のものではありません。**

欧米人には言いたいことをはっきりと、ストレートに言う人が多い、日本人のようにモジモジする人は少ない、という印象を持っているかもしれません。決して間違いではないでしょうが、だからといってフィラーを出さないというわけではありません。むしろ、日本人に負けず劣らず、フィラーはそこかしこから聞こえてきます。たしかに「心（感情・性格）」の部分でアドバンテージがあるかもしれません。しかし他の「思考」や「声」が伴っていなければ、あるいは癖になっていれば、やはりフィラーを連発させてしまうのです。

私は学生時代にカナダのカルガリー大学へ留学していたのですが、国際政治学のゼミで、仲間がプレゼンをしていたとき、担当教授が「絶対〈Um（アム）〉（日本語でいえば〈あのー〉のこと）と言うな！」と、本当に厳しく戒めていたことを思い出します。

やはり英語圏でも、〈えーっと〉〈えー〉〈あー〉〈まあ〉にあたる〈Um〉を、センテンスや文節の間に挟む癖の人が本当にたくさんいました。

教授は「〈Um〉を言うたびに、スピーチの品位が落ちる。絶対に言わないように。普段からそう習慣づけること」と言っていました。

私は何かをリサーチをするときには、海外のＷＥＢページを参照することがよくあります。日本語のページよりも圧倒的に情報量が充実しているからです。

もちろん、本書を執筆するにあたって、フィラーについて調べてみました。すると、関連論文や記事はたくさんあるものの、その直し方について詳細に解説しているものは皆無でした。スピーチや会話において多くの人が抱える問題でありながら、**海外でもその対処法がしっかりまとめられているものがない**というのは、がっかりしたと同時に驚きでした。

ちなみに、主な英語のフィラーを、巻末の特別付録１（２１７ページ）としてまとめています。「これってフィラーだったのか！」「そういえば、よく見る海外ドラマなんかで聞くな」など、おもしろい発見があるかもしれません。

〈えー〉〈あー〉以外にも、フィラーはこんなにある！

言葉を無意味化する「フィラー化」とは？

まえがきでフィラーは「話すときに連発される不要な挿入語」と定義しました。一般的によく使われているフィラーは、〈えー〉〈あー〉〈えーっと〉〈あのー〉〈まあ〉などですが、それぞれを解説するまでもなく、皆さんもよくご存じのものです。えっ、よく使ってますですって？

ところが、ある語を単独で見ると語彙《ごい》としては意味がある、そして通常は、文脈内で正しくその意味を発揮するものでありながら、まるでフィラーのように感じられてしまう言葉があるのです。

それは、**同じ単語を多用する場合**です。

同じ言葉の繰り返しといっても、少々のことであれば、聞き手はそれほど気にならないでしょうけれど、さすがに何度も何度も繰り返されると耳障りになってきます。

「また出たぞ」「またまた出てきた」と内容はそっちのけになってしまいます。話し手側は、その語が無意識のうちにお気に入りになっていて、一度使い出すと、それが呼び水となり何度も使ってしまうのです。

すると、その語自体は意味のあるものなのに、文脈的には意味のない状況も発生してきて、不要な挿入語になってしまいます。私はそれもフィラーの一種と考えています。

すなわち「フィラー化現象」です。そういう意味では、フィラーは無限にあるといえます。

「フィラー化」のパターン

「フィラー化」を4つのパターンに分類しました。

それぞれを解説していきますので、自分自身や知人に当てはまっているかどうかを考えながら読んでみてください。

考えをまとめようという意識が働いて、一般的に使用されるもの

〈やはり〉〈やっぱり〉〈いわゆる〉〈つまり〉〈ということで〉〈結果的に〉〈いわば〉など。

「やはり、A地区の顧客層としては20代女性が多く、やはりパステル調のバッグが好まれているようです。このアンケート結果にも、やはり明らかに表れています。これは、やはり、営業部だけで考えていく問題ではないのではないかと。やはりこれからの方向性としては、企画部とコラボして進めていく必要があると考えます」

「君の言わんとすることは、いわゆるこういうことではないかな。いわば、もっと課の中でのコミュニケーションを、いわゆる、円滑なものにしていってほしいと。課のミーティングの中でも、いわゆる、スケジュール報告だけでなくて、もっと、いわゆる、顧客からのクレーム情報の共有化とか、問題解決の相談とか、いわゆる、そういうもっと踏み込んだことについても話し合いたいということだね」

「Ａ商品の推移を第一四半期で見ると、結果的に、前年同期より15パーセントダウンしています。それは顧客の好みが、定番の安定感より新製品のワクワク感のほうに、結果的に、徐々に変化しているということです。今後の我々営業部としては結果的に、マーケティング戦略を練り直し、商品ラインを強化していくべきだと思います。結果的に、これが私の結論です」

これらは、考えをまとめようとして努力している感じは伝わってきます。

しかし、普通は〈やはり〉〈いわば〉と言われれば、「このあと結論を話すんだな」と聞き手は構えますが、そこでまったく関係のない話を続ける人がいるのです。しかも、〈やはり〉〈いわば〉を連呼しながら、終始結論を引っ張るような話し方をしていると、聞き手は**「この人は、わざと聞き手を煙《けむ》に巻こうとしているのではないか」**と**疑う**でしょう。

もちろんそれ以前に、これだけ同じ言葉が連発されると、聞き手がうんざりすることは間違いありません。

語調を和らげるために使用されるもの

〈ちょっと〉〈少し〉〈なんか〉〈あまり〉など。

「交流会のメンバーへの今の連絡の仕方は、ちょっと、少し、古い感じがするんです。今はＬＩＮＥを、ま、ちょっと、みんな使っているし、それを利用して、ちょっと、これまでより早く、少し、きっちりと伝えていけるんじゃないかなぁと。他のメンバーにも、ちょっと聞いてみたんですが、やっぱり、みんな、ちょっとそうしたほうがいいみたいに思ってて」

「このアイデアは、なんか、今回の目的に、少し、合わない感じがするんです。これだと、なんか、ターゲットが、限定されてしまって、もともと、もっと幅広く訴えようと言って考え直したのに、逆に、なんか、狭めてしまっているみたいな。せっかくみんなが、なんか、いろいろ考えてきたのに、これでいっちゃうというのは、なんだか、少し納得が、なんかいかないっていう」

欧米人のようにストレートにものを言いづらい日本人ならではの話し方ですね。

確かに、ストレートに言うと角が立つようなときには、ある程度有効かもしれません。こうした言葉は、主に**下の立場の人が上の立場の人を気遣って使用することが多い**ものです。

しかし、連発されると、まどろっこしく感じてしまいます。

また、〈ちょっと〉〈なんか〉などは社会人の言葉としては拙《つたな》すぎる印象があるので、仕事やオフィシャルの場で使うのは控えたほうがいいでしょう。

断定することを避けるために使用されるもの

〈ある意味〉〈ある種〉〈○○とか〉〈○○等々《とうとう》〉〈だったり〉〈かなぁ〉〈というか〉など。

「みんながこの改革Ａ案を実行したい気持ちは、ある意味、よくわかる。でもそれはまだ、ある意味、時期尚早なのではないかな。Ａ案は社内インフラが、ある意味、十分整った状況での実施をイメージした内容だと思う。実施に至るには、ある意味、相当な社内環境の整備が必要で、まず社内インフラの強化で出されたＢ案のほうが、ある意味、優先されるべきだと思うんだが」

「今回のタウンミーティングでは、近隣住民の方とかをお呼びして、もっと意見交換とかを、活発に進めていくようにするとか、考えています。そして、我々職員とかその他関係者とかから、住民の方たちにこれからの方針とかを、お話しして、コミュニケーションとか、緊密に取っていきたいとか思います」

「私の趣味は、食べ歩き、というか、美味しいものが好きなんです。っていうか、Ｂ級グルメなんです。だから旅行、というか、ちょっと仕事で地方に行ったときに、1人でふらっと、その地の有名店、っていうか、スマホで調べた人気の居酒屋なんかに行きます。で、そこの常連さん、というか、横に座った人と、いろいろ飲みながら、おすすめを教えてもらうんです」

〈っていうか〉の連発は、単に高校生的な未熟さを感じさせてしまうので、控えるべきだと心得ればいいのです。

では、〈ある意味〉〈ある種〉といった言葉の連発については、どうでしょうか。

この言葉は、物事を抽象化する際によく見られます。

たとえば、「ある意味、納得しました」のような言葉。本当に納得したのかどうか、どの程度賛同してくれているのか、よくわかりません。「ある種、それは別の問題といえるのではないでしょうか」と、議論を混ぜっ返しにかかる人もいます。

このように、**物事を意図的に曖昧化しようとする**シーンというのは、よく目にします。テレビなどでは党派性を排除するためだったり、スポンサーへ配慮するため、あるいは中立性を保つという名目のために、アナウンサーがこの言葉を頻繁に使っています。

さまざまな背景を持つ、不特定多数の人が見ているような公共の場であれば仕方ないかもしれません、しかし、そうではない社内での例会やミーティング、プレゼンといったビジネスの場でこの言葉を連発すると、「この人は断言したくないんだな」「自分の意見がないんだな」「結局、何が言いたいのかわからない」と聞き手は感じてしまいます。

次の文が出てくるまでの繋ぎで入れるもの

〈○○して〉〈していてぇ〉〈○○ので〉〈ですか〉〈○○ですね〉など。

「私は就職氷河期と言われる頃に就職活動して、、運良くＩＴ商社に入社して、、すぐにソフトウェア開発部に配属されたのですが、まずはプログラム制作課で約1年プログラム技術を習得して、、その後、インストラクター部門に異動して、、客先に出向いてクライアントさんを指導して、、……」

冗長ではありますが、日本語として間違っているわけはありません。だからといってそれが聞き取りやすいかは別の話です。

この話し方は、次々に「○○した」の情報が出てきてくれないと、いつかはネタ切れになります。そして、〈えーっと〉の入る可能性が非常に高くなってきます。

「僕は、ですね、Ａ大学在学中に会計士の資格を取ってですね、大学卒業後すぐに、会計事務所に入ってですね、その後ずっとですかね、大手のクライアントさんの監査をしてきて、ですね、この4月からですね、企業の上場のお手伝いをする部門に代わって、ですね、その中で、ですね、クライアントさんの役員クラスの方たちの前で、ですね、プレゼンする機会が非常に、ですね、増えてきたってことで、えー」

基本、「ですね手法」を用いると、いくらでも文章が繋げます。繋げなくなってもそこは「えっとですね」で繋げばいいんですから。

それも出なくなったら？　「なんて言うんですかね」で続いていくでしょう。

しかし**聞いているほうは聞くに耐えない**気持ちになってきます。

フィラーは病のように伝染する

「フィラーは伝染する」と聞いて、イメージが湧くでしょうか？　まさに風邪のように、集団感染する恐れがあるのがフィラーなのです。もっとも、それで体調がおかしくなるわけではないので、深刻に考える必要はないのですが、よりフィラーを理解するために、そのような現象が起こるということも頭に入れておきましょう。

あなたは試合後のサッカー日本代表のインタビューを聞いたことがあるでしょうか。

その試合のインタビューがたまたまだったのかもしれませんが、なぜかインタビューに答える選手が一様に〈○○ですし〉〈○○ますし〉を連発していたのです。

次のようなコメントです。

「負けたとはいえ、まだ2試合ありますし、徐々にコンディションも上がっていますし、次の試合まで3日ありますし、日本が盛り上がっているというのは現地にいても知っていますし、僕たちもあきらめていませんし、なので応援よろしくおねがいします」

特定の選手1人だけではなく、他の選手も同様の言い回しを連発します。

「やはりいい試合をしたとはいえ負ければ意味がないですし、いくらここまで勝ち上がっても、最後に負ければ意味がないですし、ただ、自分たちのサッカーができれば勝てると思いますし……」

私の職業柄、そういう言い回しが気になりすぎるのかもしれませんが、知人のデザイナーも「何でみんな〈ですし〉ばっかり使うのか不思議だった」と言っていました。同様の感想を持った人はたくさんいたのかもしれません。

この現象を合理的に解釈すると、一定期間一緒に過ごしていると、メンバーの口調も似てくるということでしょう。つまり、フィラーが伝染するということです。もう少し一般化した例を用いれば、「方言」と同じで、同じ地域、コミュニティ、組織に所属していると、話し方が似てくるというわけです。

教訓。自分が勤めている会社や組織といったローカルな場面では**「普通」の話し方に思えても、外に出ると違和感を持たれる可能性があります。**

常日頃、身近にいる人の話し方について、客観的に分析することが、フィラーの伝染を予防する鍵になるでしょう。

意外と知られていないフィラーの有効活用と重要性

フィラーは人間にとって自然なこと？

「フィラー」は悪いもの、なくしたほうがいい、ゼロがベストだと思っていないでしょうか。ここまでの記述はその考え方に近いものがありました。しかし、よく考えてみると、心の状況が発現したものがフィラーなのです。素直に心が出ているのです。素直はいいじゃないですか。

本書を読んで「絶対、フィラーが出ないようにがんばる！」と決意されている皆さんに水を差すようですが、自分自身はフィラーを出さないようになっても、**フィラーが出てしまう人の心情というものを理解してあげてください。**

考えてみてください。

たとえば、スマホにインストールできるフィラー撲滅アプリが開発されたとします。フィラーが出そうになったら電気の刺激かなんかでストップさせて、考えがまとまらないうちは口を開かせないようにするのです。しかも、理路整然とした思考、確実に検証された事実に限ってのみ発言が許されるとしましょう。

でも、これ、あまりにも不自然ですよね？

むしろ、〈えー〉〈あー〉と言っている人のほうが人間的に見えてきます。

余談ですが、ＡＩスピーカーも、適宜フィラーが入るようにプログラミングされたほうが、もっと人間に近づくかもしれません。

そこで、この節では**フィラーの有効な部分、肯定されるべき部分**にスポットライトを当ててお伝えします。

話のプロたちのフィラーの使い方

落語では「えー、本日はー、えー、そんなにお忙しくもない中、暇を持て余してお越しいただき、えー」とゆるゆるで入ります。

それは「まあ皆さん、ゆっくりと、そんなにあせらず、私の話を聞いてくださいよ」という柔らかな気持ちを語調で表しているからなのです。

冒頭から〈えー〉と入られると、聞き手の心も緩みます。話し手側にそうしたいという意図があればいいのでしょうが、聞き手の気持ちを緩めるべき場面がすべてではありません。100メートル走で、ヨーイドン！　の直後、「ふっ」と息を抜くようなものです。

開口一番〈えー〉と言っている人は、ほとんどそうした緩衝材的な役割などまったく考えもしないで、とにかく習慣的に〈えー〉と言っているのです。この違い、わかりますか？

男性の場合、美女にいきなり親しげに「ねぇ〜」と言われると、一瞬でふにゃっとなるでしょう。そこへもってきて「シャネルのさぁ〜」と続けられると、フワ〜っとなってしまいますが、これと同じ手法です。かわいく「ねぇ〜」と迫られて、「なんだ！　そのだらしない言い方は！　ハッキリ言え！」と瞬間的に、騙《だま》されないように自らの心を強く引き締められる人は少ないでしょう。

しかし人前で、この語調で話すことはおすすめできません。最後まで作戦的にこの語調で引き込もうという強い意図があれば成功するかもしれませんが、それはかなりの高等戦術。誰にでもできるようなものではありません。

謝罪会見とフィラー

スピーチの達人、称賛を浴びている政治家、心を打つ話のできる一般人でもフィラーは出ます。インタビューなどで、はっきり滑舌良く話しているわけではないし、言葉に詰まるし、フィラーも入って話しているのに、なぜか共感してしまう人がいますよね。

「気にならないフィラーは1分間に○個」という記述も目にします。気にならない程度ならいいのです。個数の問題ではないのです。問題は、気になる要素があるかないかです。

たとえば、苦渋の決断や、意に反して受け入れざるを得ない状況、説明、誰もが喜ぶ明快な選択肢がない場合でも話さなければいけないことはあります。

そのわかりやすい例が謝罪会見です。そこでは、取り返しがつかないことをしてしまったことに対峙《たいじ》し、より良い対策を立てて、どう実行していくかを説明します。もちろん、言葉に詰まることもあるでしょう。そんな中で**ひたむきに対応している最中に出るフィラーはむしろ好感を与える**ことがあります。

「全力を挙げて対処しておりますが、あー、現地の情報把握にも……我々の手の届かないところがあり、あのぅ、本当に申し訳なく、思っております」というような弁明を耳にします。

内容は同じでも、フィラーが一切出ず、スラスラと饒舌《じょうぜつ》に、自信にあふれた顔で話されたとしたらどのように感じるでしょうか？

「全力を挙げて対処している状況ではありますが、実情はどうなっているかと言いますと、現地の情報把握には限界があり、事実我々の手の届かないところがあり、今後の見通しは立っておりませんが、この実情に対しましては深くお詫び申し上げます」

上げた拳の下ろしどころを見失って、むしろ虚《むな》しさ、もっといえば反感さえも感じるのではないでしょうか。

また、「えー、パワハラですか？　うーん、本人がそのようにとらえたとしたら私の不徳の致すところで……」などと、言い逃れるようであれば、フィラー以前の問題であり、火に油を注ぐことになることは付け加えておきましょう。

昨今、こういったお詫《わ》び発言を含めてパブリックスピーキングのトレーニングを積んでいると見られるスピーカーもいます。確かにしっかりと発声され、滑舌の方法も学んだであろう努力の痕跡《こんせき》は見えますが、肝心の「心を見せる」ということを忘れてはなりません。

フィラーで相手との同期を生み出す

フィラーは言葉の休憩、心のいったん休止という側面もあります。

あるジャズの歌手が話していました。

ステージで曲と曲の間に繋ぎのトークをするのですが、彼女はどうしてもはやる気持ちを抑えられなくなって、つい早口になってしまうのです。そして一気呵成《かせい》に最後まで話すと、そこでほっとして〈えー〉がフッと出てしまうことがよくあります。しかし、その〈えー〉で、聞いているお客様も同じように肩の力が抜けてホーッとするのが見ていてわかると言っていました。

これは、聞いている人との心の同期といえます。彼女は意図せず、フィラーを有効に使っているのです。

やはり、1対1でも1対複数でも、一番重要なのは一生懸命話すことです。これは汗をかき、髪を振り乱すという意味ではなく、気持ちに訴えかける話し方ができているかということです。

そうであれば、**フィラーも心地良い小休止**であったり、考える時間の共有、「やっとここまで来た」という一体感をも生み出すのです。

ここまでフィラーを完全になくせばOKというわけではないと説明しました。フィラーにも良い面があるのです。そして、その良いフィラーとは、やはり相手の心をつかむフィラーです。それは次の4つにまとめることができます。

- 一生懸命話しているときに出るフィラー
- 自然な流れの中で出るフィラー
- 結果として聞き手との心の同期が起こるフィラー
- 多発されていないフィラー

しかし、それでも「不要」「不快」なフィラーは取り除かなければなりません。

戒めなければいけないのは、フィラーについての悪影響を考えることもなく、癖癖だから仕方がないと投げ出す姿勢、「まあ適当に、どうでもいいか」という考え方です。

次章以降は、フィラーを生み出す3つの要素「心（感情・性格）」「思考」「声」それぞれについて順に解説していきます。

第2章

内面の不安や自信のなさが表に出る理由とは?

＊「心（感情・性格）」とフィラー

フィラーと性格

フィラーの出現に影響する人間的特性

フィラー出現のメカニズムにおける３つの要素のうち、**一番個人の気質に根ざし、それゆえ改善が困難**なのが「心（感情・性格）」です。フィラーと「心（感情・性格）」の関係とはどのようなものなのでしょうか？

それを論理的に解釈することができれば、自分がどんな心の状態のときにフィラーが出るかが理解でき、対処することが可能になります。

まずはフィラーが出やすい性格について考えてみましょう。その性格は知らず知らずのうちに言葉の端々に顕著に表れてきます。

そもそも、人は普段の物事に対する姿勢が言葉に表れています。言葉に内在する力を「言霊《ことだま》」と表現することがありますが、より的確に表す言葉があるとすれば、私は「言魂」と考えています。言葉自体に霊性があるという考えではなく、言葉には人の心、魂が宿るということです。

見た目ではわからないその人自体の内面や性格、つまり人間性が言葉となって表れるからです。

ちょっとした言葉のつまずきや、不自然な言い回しをしたときなどに、それは表れてきます。したがって性格によって出てくるフィラーが異なります。

責任転嫁をしがち、他者依存傾向が強い

自分のせいではない、できれば自分はやりたくないといった感情や、自分が率先して行動するよりも誰かの下で指示されて動くほうが合っている、そんな性格の人が使いがちな典型的なフィラーが次のようなものです。

〈結果的に〉

経緯があるにもかかわらず、そこで起きた問題や原因、作業の中身ややりとりをすべてすっ飛ばして、結果という終着点に強引にジャンプする言葉です。正当化して議論をまとめようという意図が見え隠れします。〈結果として〉も同様でしょう。

〈○○ということに〉〈○○ということで〉

この言葉は、主体である「私」を消し去る効果があります。では、それがどう責任転嫁になるのでしょうか。

たとえば、プロポーズの言葉に置き換えるとその正体がわかります。

「結婚しましょう」

「結婚しましょう、ということで」

後者からは責任転嫁の臭いがプンプンです。「僕と結婚しましょう」ではなく、〈ということで〉が入ることによって、まるで「僕」の意思ではないという印象を与えます。選択するのは「僕」ではなく「あなた」ですよ、どっちにしますか、どっちでもいいですけど、という当事者から抜ける意図が垣間見《かいまみ》えるのです。

聞き手は、〈ということで〉とは「どういうことで？」と思ってしまうでしょう。

よく注意して聞いていると、「私は」ではじまったのに「ことで」ですり替えたり、「状況は〜」ではじまり「○○です」と断言するのかと思ったら、〈ということで〉で責任を「こと」に転嫁し、責任不在にしている言葉を耳にすることがあります。

〈やはり〉〈やっぱり〉

これも状況の責任にしています。

何かに失敗したときに、「ダメかー」というのは理解できます。しかし、「やはり、ダメかー」はどうでしょう？

結局は、予想や期待のとおりであったという、他人やまわりの状況に心を預けているのがわかります。この言葉が不自然に繰り返されると、不快なフィラーとなります。

たとえば上司が部下に仕事を振ったとしましょう。

部下「いや、やっぱり自分にはまだ無理ですよ」

上司「大丈夫、サポートするからがんばって！」

その結果、求めていた成果が得られなかったとき、部下は口にします。
部下「ほら、やっぱりダメかー」
文脈を追うと、完全に上司への責任転嫁だとわかりますね。

自己を過小評価する人はフィラーが出やすい

「過小評価」という言葉を類語辞典で調べると、「貶《おとし》めて」「落として」「低く言う」「ネガティブに」という類語が見つかります。こうした性格というのは、日本の文化的側面も影響しているかもしれません。謙虚、長幼の序、武士道、仲間意識、一体感などの日本人の観念と深く関係しているからではないかと考えます。

この「自己過小評価」姿勢が、自己認識、日常の行動体系の根っこにあると、心に「躊躇」が生じやすくなります。したがって、ちょっと心が弱っているなと感じるときは注意が必要です。

「○○だ！」と断言したいときに、「いや、私ごときが」と思うと心が不安定になります。そこにフィラーがスッと入り込む余地が生まれます。

「自分はすごい」「自分は何でもできる」「努力すればきっとできる」というふうに前向きにスッと思えればいいのですが、それが簡単にできれば誰も苦労しません。

少なくとも、人前で話すときは、自分を鼓舞《こぶ》したり、覚悟を決めるしかありません。そして成功体験を積み重ねて自信を手に入れるのです。

自己を過大評価する人はフィラーとは無縁？

一方、逆に日本人にはあまり見られない「自己過大評価」はどうでしょう。こうした性格の持ち主は**どちらかというとフィラーとは無縁**です。

なぜなら「自己過大評価」をする人は、あまり空気を読みません。「空気は読むモンじゃない、吸うモンだ！」と言う外国人に出会ったことがありますが、確かにそれは至極まっとうな解釈です。

「過大評価」の心理状態に近い属性の言葉としては、「高めて」「前向き」「持ち上げて」（ただし自分を）、「より大袈裟《おおげさ》に」「ポジティブに」などが考えられます。

外国人には、こうした性格の人はよくいます。

ある特許を持つ日本企業が、オランダの企業からその特許使用の申し出を受けたときのことです。

オランダの企業は、自社の可能性をこれでもかとアピールする一方で、日本企業の特許を信じられないくらい過小評価したそうです。交渉時に提案された特許使用料は、国際的基準から見てあり得ないくらいに低いものでした。

結局、この交渉は御破算になったのですが、それでもオランダの企業の人間はニコニコしながら「良い商談だった！」と言ってのけたそうです。

ここまでポジティブになれれば、日本人のフィラーも少なくなるはずなのですが……。

物事を曖昧化しようとするとフィラーが入り込む

優柔不断な人は「曖昧化」する傾向があります。

今や日本国全土を覆う「風土病」みたいなものです。「非明瞭化《ひめいりょうか》」「婉曲化《えんきょくか》」「意味拡散化」「意図非限定化」といった言葉に置き換えられるでしょう。

1つ目の原因は「自己過小評価」と深い関連があります。基本的に自分自身の姿勢として、「未熟者ですが」「僭越《せんえつ》なんですが」「言える立場じゃないんですが」「まだまだ勉強が必要なんですが」「間違っていたらごめんなさい」という気持ちが満ち満ちていると、物事をはっきり言わない方向に言動が進みます。

2つ目の原因は、日本全国がサービス産業化してきたことです。はっきり、強く、きっちり言うとお客様の反発を買う可能性が高いと思ってしまうから、不明瞭にぼやかせて煙に巻きます。〈ちょっと〉〈だったり〉〈とか〉〈といったような〉など、これらのフィラーがスッと入ってきます。本当に自動的といえるほどに定型化されています。

「する」「やる」「行く」「がんばる」など、動詞は何でもいいですが、その動詞の前にスルッと、「ちょっと、する」「ちょっと、やる」「ちょっと、行く」「ちょっと、がんばる」のように挿入されます。「少しだけ」「できてないんですが」「ま、」などを入れる人もいます。

また、「仕事」「余暇」「勉強」などのような名詞には、「仕事、だったり」「余暇、だったり」「勉強、だったり」のようにくっつけて、対象の名詞をぼやけさせ、濁らせます。限定範囲を広げると言ってもいいでしょう。

さらに、対象の名詞が1つしかなく、他に何もない状況でさえ、名詞に〈とか〉をつける人もよくいます。「資格、とか、取りたいです」と言った人がいるとして、資格以外の何かを明確に持っているという人はまずいません。

逆に考えると物事がはっきり見えてきます。

冒頭に記した言葉の「曖昧化」「非明瞭化」「非明確化」「婉曲化」「意味拡散化」「意図非限定化」の逆を見てみましょう。「明確化」「明瞭化」「直截《ちょくせつ》化」「意味集約化」「意味限定化」です。

このような言葉が心にある人からは次のような言葉が出てくるでしょう。

「非常に」「絶対」「本当に」「○○しかない」

こういう言葉の前後にはフィラーは入りにくいはずです。

「えー、絶対に、ですね」

「まっ、本当に、だったりとか、ですね」

こんなこと、言わないですよね。

ある受講生がスピーチで、「私は、もう絶対に！　まあ、」と言ったとたん、みんな下を向いてクスクス笑いを噛《か》み殺すという事態が起きたことがあります。「絶対に」と〈まあ〉は相容れないのです。

これもプロポーズの言葉で試してみましょう。

「絶対に、まあ、君しかいない」

相手は絶対に怒ります。サヨナラです。フィラーとはそれほど恐ろしいものでもあります。

逆にいえば**「絶対に」という言葉を意識的に使うことで、フィラーが入る余地をなくすことができる**のです。でも、かなり「絶対」の気持ちになっていないと、隙《すき》をついて〈まあ〉が、つまりあなたの本心が入ってきますからね。気をつけてください。

「心」をコントロールするにはどうすればいいか？

過呼吸症候群とスピーチ

話している間、脳はフル稼働しています。次から次へと言葉を繰り出さなきゃいけない、止まっちゃいけない。

まるでマグロかカツオのように、です。かれらは止まったら呼吸困難に陥って死ぬといわれています。だから眠っているときでさえ、ゆっくりと泳ぎ続けているのです。そうしないと酸素を体内に供給できません。

少し話がそれましたが、〈えー〉だの〈あー〉だの言っている人の中には、本当にスピーチが終わったあと、過呼吸症候群になった人のように「はぁ、はぁ」と呼吸を乱している人がいます。

しゃべっているだけなのになぜそのような状態になってしまうのでしょうか。

それは心理的なものが原因となっているからです。

「とにかく話し続けなきゃいけない」

「バカなことを言っちゃいけない」

「カッコ悪いマネはできない」

「みんなに迷惑をかけちゃいけない」

そんなこんなが束になって襲ってくると、心も圧迫から逃れられなくなるのです。

心を強くしたくてもできないから困っている

読者の中には、次のように思われる人もいるでしょう。

「心が声をコントロールしているのだから、『フィラーを入れたらダメだ』と強く決心したのなら、フィラーは出ないはずだ」

それが実現できるのは、心に何のプレッシャーもかかっておらず、かつ脳に負担がかからない軽微な思考レベルで話せる内容であれば、という理想の状態での話です。

もちろん、環境はそう簡単には許してくれません。やはり実際には、ほんの些細《ささい》な出来事に影響を受けるものです。

フィラーの発生をつかさどる「心（感情・性格）」の不安定さを、もう1つの要素である「思考」がコントロールできればいいのですが、それができないと、内面の揺れがそのまま「声」となって発せられてしまいます。

心が不安定になるのは、体調などもあるでしょうけれど、一番可能性が高い原因は外的要因でしょう。

外的要因と心の揺れの関係

まず、ほとんど外的要因がないときのことを考えてみましょう。

「もう昼だ！　腹減ったなあ。なんか食べよっと」

この発言には、心の圧迫感は何も感じられませんよね。休日に家で1人ゴロゴロしていたときに、時計を見てふと気がついて発した独り言です。まさに頭と胃袋が直結している状態です。**あまりにも「心（感情・性格）」が安定しているので「思考」がコントロールする余地がない**ほどです。だからこんな単純明快な言葉がスッと出るのです。

　同じ「腹減った」でも、それと比較して次のような発言をしてしまう状況というのも考えてみましょう。

「えー、そろそろお昼の時間になってまいりまして、あのぅ、おなかのほうも、空《す》いてこられた方もいらっしゃるのではないかということでですね、まっ、このあたりで、えー、皆さまよろしければ、あー、食事の時間ということにぃー、させていただければと思います」

　言いませんか、こんなふうに？

いったい、ただ昼食の時間を伝えるだけで、なぜここまでフィラーが出るのか。

その背景は次のようなものでしょう。

「総勢２００人だからなあ。でも昼が近づいてきたし。このあたりでいったん切り上げたほうがいいのではないか。社長もそう思っているに違いないや。あっ、こっち見てる。は、早く決断しなきゃ。でも食事の準備は大丈夫か？　総務はちゃんと連絡してくれてるんだろうな。レストランまで歩いて3分はかかるし、これだけの人数が全員で移動すれば5分以上はかかるだろう。ちょっと早いけど、もうここで締めようか。そうだ、そうしよう、それしかないいや」

明らかに外的要因が心の余裕を奪っていることがわかります。だから出てきた言葉はぐらぐらです。

「心」は他の要素によって補える、変えられる

ちょっとやそっとの外的要因ではぐらつかない「心（感情・性格）」の度量の大きさがあればいいのですが、個人差はあるものです。

では、打たれ弱い、自信がないという人はどうすればいいのでしょうか？

印象に残っている受講生がいます。

最初に私の講座に来られたときの印象は、本当に気が弱そうで、話し声はボソボソとして聞きづらい「フィラーを連発させそうな典型的な人」でした。アラレちゃんのようなメガネをかけ、私はカッコ悪いの、3の線なのといった思いをアピール

するかような目立たない服装でした。

最初は私も本当に話せるようになるのか不安だったのですが、杞憂《きゆう》でした。しばらくしてから修了生を集めたスピーチ大会をしました。もちろん、彼女も登壇します。

最初見たときに、「こんな人いたかな？」と私が思ったのも無理がないほど、とても華やかなドレスを着て、メガネはコンタクトレンズに変わり、お化粧もスッキリしていました。

そして大きな声で見事なスピーチをし、投票の結果、なんと彼女が優勝したのです。

一体何があったのでしょう？

私は彼女のボソボソ声を変えるために、発声練習をがんばるように伝えていました。彼女はそれを忠実に守り、大きな声で話せるようになったことで、自分に自信がついたと教えてくれました。

また、本書の第4章 121ページで紹介している、自信を得るための日常の行動を愚直に受け入れ、実践したと語っていました。

つまり、**このように「心（感情・性格）」を他の要素（ここでは「声」）によって補ったり、変えたりすることができる**のです。

では「心（感情・性格）」の動揺を表に出ないようにするストッパー、さらには発言内容を整理する役割を担う「思考」について、第3章で詳述しましょう。

第3章

理性の力で整理してから言葉にしよう

＊「思考」とフィラー

どんなときにフィラーが出やすいのか？

「思考」のメモリをできるだけ浪費しないように

前章で解説した「心（感情・性格）」は、性格という人の根っこの部分のものなので、一朝一夕で変えるのは難しいかもしれません。しかし、「思考」を安定させれば、「心（感情・性格）」の揺れをある程度コントロールすることができます。

地震や火災などの災害に直面したとき、パニックになった人ほど命の危険にさらされます。しかもそれが集団パニックに発展すると、被害はさらに拡大します。

しかし、「机の下に入りましょう」「姿勢を低くし、走らずに外に出ましょう」という避難訓練のときの教えを思い出し、そのとおりに対処することができれば、救助される可能性がグッと高まります。

思考と声の関係の概念図

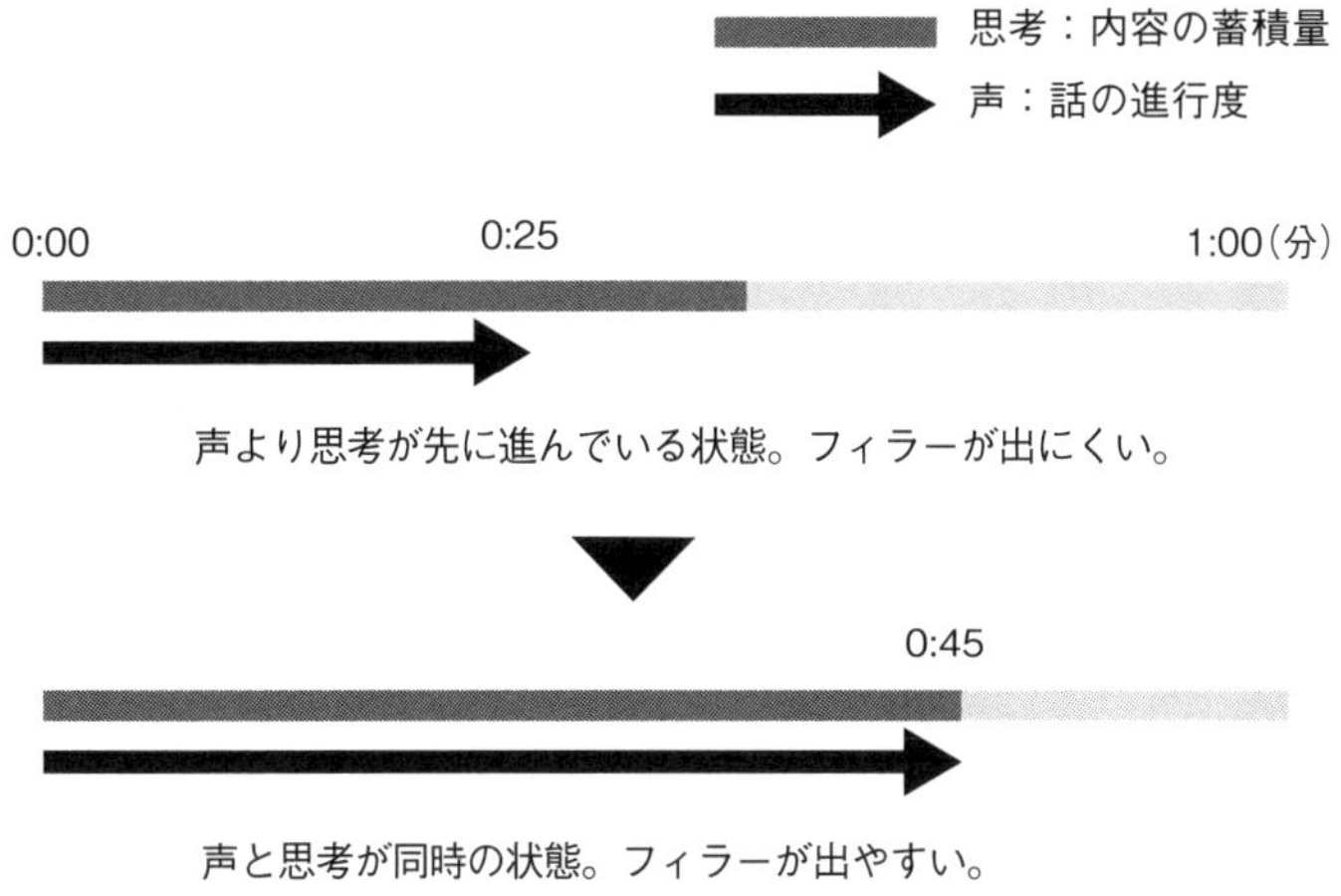
思考：内容の蓄積量
声：話の進行度
0:00
0:25
1:00（分）
声より思考が先に進んでいる状態。フィラーが出にくい。
0:45
声と思考が同時の状態。フィラーが出やすい。

つまり、「思考」は「心（感情・性格）」の揺れを抑えるストッパーになるということです。

しかし、この「思考」を正常に働かせるためには、気をつけなければならないことがあります。

「思考」というのは、いわばパソコンのメモリのようなものです。限られたメモリの中、複数のアプリケーションを立ち上げると動作が遅くなるように、複雑な思考をすると脳のメモリをたくさん使ってしまい、時にはフリーズ状態に陥ってしまいます。つまり、フィラーが出るということです。

したがって、話すときも、シンプルな思考でサクサクと、「心（感情・性格）」のゆがみが入らないように進めることを意識しなければなりません。

すぐに破綻のない長文をつくるのは無理

「思考」とは話す内容を決めたり、整理、コントロールする要素です。「思考」のメモリを浪費しないコツはシンプルです。それは、**1センテンスを短くする**ということです。

もちろん、区切りのない長いスピーチでも、理路整然とした内容で、フィラーが出なければカッコ良く見えると思うのですが、慣れていない人に要求するにはハードルが高すぎます。

イメージでいえば、英作文で「動名詞ではじめる」「状況説明文を前にもってくる」「関係代名詞を挿入する」「関係副詞を入れる」……といった構文をつくろうとし、かつ同時に口に出そうとするようなものです。

英作文のテストで、皆さんは一発でそんな文章を書けたでしょうか。途中で「that」だの、「in which」だの、「on the other hand」だのを挿入したり、消しゴムで消したりしながら、長い文章を時間をかけてつくっていましたよね。

日本語でも一緒です。そんな文章を瞬時に組み立てて破綻《はたん》なく一気に声にすることはプロでもない限り無理です。

時間をかけて話す内容を消したり足したり切ったり貼ったりして書き、そのメモを見ながら話せば破綻はないはずですが、いつもいつもそうしているわけにもいきません。

〈、〉（読点）を使って長い文章をつくるとフィラーが出る

長いセンテンスで話をする人は、それを文章に書き起こすと、〈、〉がたくさんあることに気づくはずです。フィラーを連発させるパターンです。

次に来る文章が決まってないのに、とにかく何度も「and」で文を続けて行くと、

ついには続かなくなります。

そこを埋めようとするフィラーが〈えー〉や〈まあ〉です。

この「文章つなぎ手法」でいくと、どんどん脳内の「話す内容貯蓄メモリ」を食い尽くし、次のような話し方になってしまいます

「えー、私の名前は高津《こうづ》和彦と申しまして、職業はと言いますと、スピーチトレーナーをしているわけなんですが、この仕事は、どんなものかということなんですけれども、内容はと言いますと、いわゆるさまざまなシチュエーションでの話し方を教えるというものでして、……」

この〈、〉が入るところで、次に続かないと〈えー〉と言ってしまうのです。

1センテンスを短くすると「思考」がサクサク動く

では、〈、〉を使わずに話すとはどういうことでしょうか？

それは簡単です。次のように、**〈。〉（句点）を使って〈間〉をつくればいい**のです。

「昨日はいい天気でした。〈間〉ですから、散歩しようと思いました。〈間〉こんな

ふうに思えたのは、本当に久しぶりでした」

頭に湧いてきた順番にその短文を声に出せばいいだけです。短い文章なら簡単に頭に浮かびますし、むしろ聞き手にとっても、この〈間〉は、大きな意味を持ちます。この〈間〉が、耳から入ってきた情報を咀嚼《そしゃく》し理解する重要な時間なのです。

ところが話し手は、その〈間〉が気になって気になってしょうがない。「センテンスをこんなに短く区切ったら、バカだと思われないか」と考えます。

すると、次のようなグダグダの話し方になってしまい、言葉が続かなかったところで〈えー〉で撃沈します。

「昨日はいい天気だったので、そうだ、散歩しよう、ってことで、こんなに思えたの、久しぶりだ、と思って、えー……」

もうフィラーで次々〈間〉を埋めていくのです。「空く〈間〉が怖い」から！

それは「悪魔が怖い」状態！

したがって、自己紹介であれば、まず「高津和彦と申します。」と文を切ります。

ここで「高津和彦と申しまして……」と続けてしまうと、次の文を用意しようにも「思考」が追いつかず、〈えー〉と言わざるを得なくなります。

一文一文を短くして、まずは言い切って終えることを心がけてください。

センテンスを区切っても、言葉が出てこなかったら

では、〈。〉で区切っても、すぐに次の言葉が出なかったら、どうすればいいのか、気になる読者が多いと思います。そう、空く〈間〉が怖い人ですから。

しかし、全然怖がる必要はありません。次の言葉を思いつくまで、〈間〉を十分取ってください。

「それは強弁だ！」「そこで〈間〉が生まれるのはやっぱり不自然だ」と思われるかもしれません。

では、〈、〉で言葉を続けた場合と、〈。〉でいったん言葉を区切ったときとでは、〈間〉をどのように感じるかをシンプルに比較してみましょう。

A「高津和彦と申しまして、〈間〉……職業は――」

〜〜
B「高津和彦です。〈間〉……職業は――」
〜〜

AとBのどちらが自然に受け入れられるでしょうか？　最悪なのは次のCでしょう。

〜〜
C「高津和彦と申しまして、えー……〈間〉……えー職業は――」
〜〜

Aは、「申しまして、」のあとに〈間〉があると、「で、だから何？」と聞き手は不自然に感じるでしょう。一方、Bは「高津さんというんですね、ハイ、わかりました」とすっきり聞いてもらえます。フィラーが入ったCは、よくある失敗例ですね。

つまり、**〈、〉のあとに〈間〉が入るのは違和感を持たれますが、〈。〉のあとに〈間〉が入っても大きな問題はない**ということです。

語調を引き締めると聞き手も引き締まる

〈。〉を入れると、言葉が引き締まるというのは、ここまで説明したことで理解できたと思いますが、聞き手側もまた、そのことで話し手に対してより注目するようになります。

日頃指導する中で、私が見いだした「鏡の理論」というものがあります。

それは、「こちらが引き締まると相手も引き締まる。ちょうど鏡に自分の姿が反映されるように」というものです（実際の鏡と違い、タイムラグはありますが）。

つまり、**相手を引き締めようとするなら、自分が引き締まる**ことです。その一番手っ取り早い方法が「語調で引き締める」こと。すなわち、〈。〉を入れるということなのです。

逆に〈、〉を連発させると、聞き手の気持ちは緩みます。そして、どんどん話し手への興味を失っていくのです。

借り物の言葉を使うとフィラーが出る

冠婚葬祭やビジネス関連のパーティなどで、スピーチをお願いされたら、あなたならどうしますか？

きっと、本やインターネットに載っているような例文を参照する人が多いのではないでしょうか。品性を感じさせたり、頭が良さそうなものがたくさんあります。ただし、絶対にしてはいけないのが、そのまま例文をテンプレートとして丸パクリすることです。

手紙やメールなどで書く場合ならフィラーは出ないので、コピペでもかまわないかもしれませんが、話すとなるとフィラーが連発しやすくなります。

失敗したくない、カッコつけたい、という思いがあるとフィラーが出やすいとお伝えしましたよね。また、後述しますが、原稿の暗記も失敗の可能性を高めます（158ページ）。

そもそも、本やインターネットに載っている例文というのは、**基本的に「読みや**

すさ」を優先に作成されているために、「話しやすいためにセンテンスを短く区切った例文にしよう」といった読者への配慮がありません。その結果、堅苦しく、長いセンテンスの例文が多いのです。

そして何よりも、普段使っている言葉ではないので、違和感を抱えながら話すことになってしまいます。これが一番のフィラーの原因です。

「えー、本日はお日柄もよく、えー、清々《すがすが》しい好天に恵まれまして、皆様におかれましては、あー、ますますご健勝のことと、えー」

このような人、見たことありませんか？　明らかに、どこかから借りてきたようなあいさつだとわかりますよね。

一方、自分の言葉を使った場合はフィラーが出ません。

「皆さん、今日はとてもいい天気ですね。お元気ですか？　元気に決まってますよね！」

こちらのほうが、聞き手はきっと「本心を言っている」「気取っていない」と感じ、好印象を持ってくれるはずです。そして1つのセンテンスが短いので「聞きやすい」と思ってもらえるはずです。

もう、空く〈間〉は怖くない！

むしろ〈間〉を入れるべき

そもそも〈間〉が怖いという人は、**むしろ〈間〉を入れなければならない、と考えを改めてください。**場合によっては、〈間〉を長く取ってもいいのです。〈。〉で区切っても、すぐに言葉を続けると、聞き手は畳み掛けられたような印象を受けてしまいます。

長い〈間〉は、聞き手に考えさせる、自分の言葉に重みを持たせる、話に変化をつけるなど、重要な要素として活用できるのです。それでも空く〈間〉が怖い人に、次のようにアドバイスをしています。

〈。〉で切っても次がなかなか出てこないという、きっとあなたが一番恐れるようなときは、聞き手の顔を見て、目を合わせてみてください。相手はうなずいてくれます。長く見つめていると、二度、三度うなずく人もいます。

もちろん、うなずかない人もいます。でもその人たちも、「それで次はどうなるのだ？」と興味を持って止まってくれているかもしれません。

しかし、〈。〉で文章を切って「間」を恐れなくなったとしても、依然として次に何を言うかが準備できていないと、次のセンテンスに行けるわけはありません。

これについては第5章で解説します。

「桃太郎」を話すとフィラーが出ないのはなぜか？

フィラーを出さないためには、話を短いセンテンスに区切る、〈間〉を入れるという2つのスキルをお伝えしましたが、納得できましたか？

どうしてもフィラーが出てしまうという人でも、実践してもらうとほとんどゼロになる誰でも知っているスピーチ原稿があります。それは「桃太郎」です。

実際に誰かに聞かせてみるのがトレーニングとしても効果的ですが、誰もいないところで1人で試してみてもOKです。もちろん、原稿を見ることなく、「むかしむかし、あるところに、おじいさんとおばあさんがいました」からはじめてみてください。

きっとフィラーが出ないことにびっくりするのではないでしょうか。仮に大勢の前だったとしても、ほとんどフィラーは出ないでしょう。

なぜだと思いますか？　理由は2つあります。

1つ目は、すでに解説したとおり、**「桃太郎」のストーリー自体が短いセンテンスの寄せ集めでできている**からです。1シーン、1センテンス、しかも物語の特性として、センテンスとセンテンスの間に**〈間〉を入れて話すような仕様になっているる**からです。

2つ目は、**ストーリーが頭にしっかりインプットされている状態**なので、次から次へと話す内容が浮かび、「思考」のメモリを浪費することがないからなのです。とてもスムーズに出てくるので、話しながら次に言うべき場面を考えられるレベルです。

ですから、〈えー〉〈あー〉などのフィラーも入る余地がほとんどないというわけです。

このように短いセンテンスで話す、〈間〉を大切にすることで、不要なフィラーを除去することができるのです。


さて、「桃太郎」の大筋は覚えているけど、猿・キジ・犬の登場順については曖昧なんだよなあ、という人がいるかもしれません。

そうした方のために、というわけではありませんが、特別付録2（223ページ）として、全文を掲載しました。短いセンテンスと長いセンテンスの2つのバージョンの「桃太郎」を載せています。その意図は、センテンスを短くしたほうが、いかに話し手も伝えやすく、聞き手も理解しやすいかを、実際にシミュレーションしていただきたいからです。

また、短いセンテンスの「桃太郎」については、ぜひ第6章の実践トレーニングの材料として実際に声を出して言ってください。

第4章

自信に満ちた声で雑音を消し去る

＊「声」とフィラー

フィラーが出ない人は何が違うのか？

なぜアナウンサーはフィラーが出ないのか？

「心（感情・性格）」と「思考」、「声」が同期していれば、フィラーは出ないということを説明してきましたが、第4章では、いよいよ最後の「声」に関して説明しましょう。

さて、ここで皆さんのまわりを見ていただきたいのですが、フィラーをほぼ入れないで話す人、いますよね？　あの人はしっかり話すなあという人。

なぜ、不要なフィラーを入れずに、原稿を見ないでしっかり話せるのでしょう？

ここで、フィラーがなければ「しっかりと話せる」ともう書いてしまいました。

そう、**「フィラーがない」と「しっかりと話す」というのはすでに同義語、**そこに共通項があるという意識がもう潜在的に心の中にあるのです。

フィラーが出ない人の代表的職種が「アナウンサー」です。

私の講座の受講生がよく言われるのが、「アナウンサーのように話したい」というもの。きっと、話し方が魅力的に聞こえるのでしょう。

なぜでしょうか。

それは物事を端的に、「はっきり表現」しているからなのです。

一度テレビをつけて、確認してみてください。アナウンサーで〈えー〉〈あー〉を言っている人はほとんどいません。また、多少言ったとしても、気にはならないのです。彼らははっきり聞こえる術《すべ》を知っていて、それを駆使して話しているのです。

私自身もアナウンススクールに2年通い、番組でニュースも読んでいました。

アナウンサーとは端的に言って「声だけでアウトプットする人」です。

もっとも、通信メディアがラジオだけの頃はそうでしたが、現在は映像とともに情報を伝えることがメインになっていますので、表情や身振り手振りも含めて、アナウンサーは全身でアウトプットしているともいえます。

アナウンサーのフィラーゼロ体質

あなたもアナウンサーと同じトレーニングをやればフィラーがなくなります。まずは、私がアナウンススクールで学んだことを説明していきましょう。

はじめに「発声」を徹底的に鍛えられます。声が武器だからです。

声の小さいアナウンサーはいません。体力がないサッカー選手がいないのと同じです。アナウンサーは、小さな声も大きな声も出せます。自由自在です。

ただし、基本的には、**どんな場面でも普通の人より声が少し大きめ**です。

アナウンススクールに入学して最初の3カ月は「あえいうえおあお……」の発声練習ばかりです。それ以外、何もありません。したがって、ここまでの時点で払った学費を捨てて半数がやめます。しかし、単調で面白くないからといっても、この段階で声を出せるようにしておかないと、あとあとプロとして通用しなくなります。

そうこうするうちに日常の会話でも、ちょっと大きめの声になってくると、それはもう自信の芽が出てきたということになります。

そして、このように声という土台ができて、ようやくその上に「話す技術」を構築していくのです。

まずは原稿読みです。自分で考えて話すというのはまだまだ先。それは「読み」ができた次の段階です。

ニュース原稿の朗読、ナレーション。これらを徹底的に練習していくと、話し方が原稿のようになめらかになっていきます。ということは、そこには〈えー〉〈あー〉などのフィラーはまったくありません。人が書いた原稿を、間違えないよう機械的に読むのですから当然です。

したがって、この時点で「フィラーゼロの体質」になっているのです。口に出す言葉が原稿のようにしっかりしたものになっています。だから普段の会話でも、少し断定調で話すことになります。

この「読んで話す技術」ができたら、次は「考えて話す技術」をトレーニングします。この段階になると、自分で意図して出さない限りは、フィラーはほとんど出なくなります。

口にかかるストッパー

アナウンサーは言葉を決めてから声に出しますが、一般の人は「心（感情・性格）」からすぐに「声」に出ます。

じつはアナウンサーは、何を言っていいかわからないときは、口にストッパーがかかります。まるで、ナビで目的地が決まらなければエンジンがスタートしない自動運転のクルマみたいに。

「心（感情・性格）」と「思考」をしっかりと安定させてから「声」を出すのですから、いい加減なことを言うわけがありません。そういう回路が、トレーニングを通じて頭にセットアップされています。

一方、そういう教えを受けてこなかった普通の人は、もう「心（感情・性格）」と「声」が直結です。びっくりしたら〈きゃー〉、感動したら〈すげー〉、わからなかったら〈うーん〉、何を言ったらいいかわからないと〈えーっと〉、言葉につまったら〈あのー〉という具合です。

ほんの少しでいいから**「ちゃんとした単語」をまず出そうという「思考」を働かせてほしい。それは、文字にしたときに意味のある言葉にするということ**です。

たとえば、〈きゃー〉を「びっくりする！」に。〈すげー〉を「素晴らしい」に。〈うーん〉を「少し言葉に詰まっています」に。〈えーっと〉を「どう言うべきかな」に。〈あのー〉を「皆さんにお聞きします」に。「……」を「言葉にならない」に。

こんなことを学校で、小、中、高、大、院、どこでも教えていないですものね。でもトレーニングを積めばできるようになります。

「心」と「声」の関係

なぜかフィラーが出ても気にならない人

先日、フィラーの現状についての会議・検討会を行いました。

話すということについてはまったくの素人の集まりですが、とても盛り上がりました。フィラーをどれだけみんなが気にしているのかということの表れです。

その中で、「なるほど！」と思った発言を列記します。

- 声が大きい人はフィラーが出ても気にならない
- 自信を持って話していると、聞いているほうは圧倒される
- 声を大きく出すことができれば、別にフィラーが出てもいいのかも

・そうだ、やっぱり発声が大事かぁ

これらは「フィラーが出ても気にならない」ポイントを鋭くついています。イチロー選手のインタビューを聞いたことがありますか？　頭の良さを感じさせる話し方です。

それはなぜでしょうか。

ほとんど〈えー〉や〈あー〉などの言いよどみがないからなのです。もちろん話している内容には含蓄《がんちく》があります。しかし、まず耳に入ってくるのは、その「歯切れのいいセンテンス」なのです。そして、なんといっても、その自信にあふれた表情、しぐさ。

逆に、スポーツ選手の優勝インタビューなどでは、次のようなコメントを聞くことがあります。

「えー、1位になれたのは、あー、やはり、皆さんのご支援の、あのー、おかげじゃないのかなというふうに思ってて、まあ、これからも２０２０年に向けて、えー、ま、がんばっていけたらなと思います」

これを聞いて、頼もしいとか、オリンピックでは絶対金《きん》だね、などと思えますか。「人前に慣れてないのね。なんか残念。要は何？　がんばるってことでしょ？」と聞いていて気が抜けてしまいます。

自信なさそうですものね。どうすれば自信がついてくるのでしょうか。自信とフィラーの関係について考えてみましょう。

自信を喪失する人の負のメンタリティ

まず、人前で話す場面で「自信のなさそうな人」と聞くと、どんなイメージを持ちますか？　緊張して声が震えている、あがっている、詰まりながら話す……。こんなイメージではないでしょうか？

皆さんは、人前で緊張するかしないか、あがり症かどうか、それは人前に出ることの向き不向きで決まっていると思っていませんか。

才能、遺伝、ＤＮＡ……、とにかく自己の努力によって改善されないもの。生まれつき、イチローはイチロー、凡人は凡人、あがり症はあがり症だと。
これはとんでもない勘違いです。

子どもの頃は、学級委員や生徒会役員、いろいろやって発表もできていた。どちらかというと人前で話すことが好きだったのに、大人になったら、いつの間にかプレゼンで大緊張するようになってしまったという人がいました。そして、私の講座に来られました。

「どうしていいかわからない」「なんでそうなったのかわからない」「ひょっとして自分はもともとあがり症だったのかもしれない」と、悩みを打ち明けてくれます。

しかし**あがり症は、100パーセント、遺伝ではありません。**すべてが心理的作用です。

「心（感情・性格）」が折れると、かつて人前でしゃべることが得意だった生徒会長も、プレゼンテーション大好き人間も、ふにゃふにゃになってしまうのです。

たぶん、会社でイジワルな先輩にでも叩かれたのでしょう。そして落ち込んだ。自信喪失した。彼らの言うことが少しは当たっているだけに、新人としては反論できずに心で受け入れてしまった。言い出しづらい会社の雰囲気もあるでしょう。

いったんそうなると、負のイメージが先行してダメな自分しか描けないようになります。

つまり環境によって、「負のイメージ」が蓄積された結果、あがり症体質、自信のなさそうな人になってしまうのです。誰でもそうなる可能性は大いにあります。

自信のある人は失敗しても心が揺れない

自信のある人間はへこたれません。要は「心理負けをしない」人です。じつは「話す」という行為は心理戦です。

ちょっと向こうっ気が強い人は有利で、何でも受け入れちゃうお人好しは不利です。ここで引いたらダメだとパッとスイッチが入って、自己主張できる人がいいのです。

先日見たテレビのクイズ番組で、回答者としてアナウンサーが出演していました。ある問題に対して、答えがなかなか出てきません。そして、一生懸命考えた答えは間違いでした。

同じような状況に陥ったとき、あなたならどうしますか？　わからなかったら、第一声「えー、何？　わからない、なんだろう。えーっと……」となるかもしれません。

問題は専門的で難しかったのです。しかもひっかけ問題。「心（感情・性格）」が弱い人ならきっとそんなとき、「あ〜、そうか〜、ダメな私。勉強してないからなぁ。オレ、二流大だもんなあ」などと自己卑下をしてしまうでしょう。すると、その様子を見た他の出演者や視聴者はかさにかかって、「へーン、お気の毒さま！　アンタにはわからないよね、このレベルの問題は！」とここぞとばかりおとしめてきます。

しかしこのアナ氏、「あぁ！　これはわからないわぁ！　この問題は難しい！」と自信満々に言い放ちました。自分ができなかったことには頓着《とんちゃく》せず、問題自体を讃えるのです。

そのアナ氏、「自分は答えられなかった！　ダメな私」の意識ゼロ。まわりは「そうか、難しい出題なんだな」と思ってしまうのです。

確かに専門的な問題で難しく、実際に私も答えがわかりませんでした。同じく「難しいわ〜」の感。

答えられなかったという現象は同じでも、自信たっぷりな「難しい！」という言葉だと、聞くほうの気持ちは、「アナ氏はデキない人」とは決して思わないのです。

この事例が示唆するのは、「揺るがない」ことです。

そういう視点で人を見ていると、答えがわからなかったとしても、自分が下手であっても、また、お願いする立場でも、不利な立場でも、お互い冗談を言っていても、自分が笑いの対象になっていても、アナ氏のように心が揺れません。

- 堂々としていて、心理負けをしない
- 卑下しない。たとえ下手であっても
- 人にお願いする立場であっても、下手《したて》に出ない
- 媚びない、上司や上得意様に対してでも
- 烏合の衆にならない、皆でバカやっていても心中では孤高を保つ

だからこういう人の口から、**フィラーが出たとしても気にはならない**のです。

あっ、ひょっとするとフィラーなんか出ないかもしれませんね。

考えてみると、人の良さそうな人とか、いつでもどうぞお先にと言ってしまうお人好しの人などは、堂々のイメージとは相反します。そんな人の口からフィラーが少しでも出てしまうと、「自信ないんだな」と思ってしまいます。良い人なのに損をしているんです。

そういう人にこそ、このアナ氏のようになってほしいのです。

自信を獲得する方法とは

さて、ではあなたはどうでしょう。たとえ自分の不利な状況でも堂々と心理負けせずいられますか？

まず、はっきりと言いましょう。一朝一夕には無理ですが。そこを「やれ！　とにかく根性、命をかけるんだ！」みたいなことは言いません。

では、どうすればいいか。

今日、できていないあなたを、ほんのわずかでもいいから前に進めることです。

そして小さな自信を身につけることです。そうすると、今よりちょっと強くなる。それを積み重ねていくしかありません。徐々に心理負けしない自分が確立されてきます。そうするとたとえフィラーを言ってもあまり気にならなくなるのです。

小さなことから大きなことへ！

普段の生活の中でやれることを記してみましょう。

①コンビニで、「お願いします」と言ってレジでカゴを出す。
②できるようになったら何か1つ言う。「チキンフライ美味しそうね」などと。
③会議などで当てられていない状況においても、自分から発言する。
④発言したあと、皆さんはどうですか、などと喚起、人に振る。
⑤昼食は誰かと一緒に行く。新しい人を誘う。
⑥昼食中、随時雑談をする。
⑦席が一緒になったら、知らない人でも何か話しかける。
⑧自分のプレゼン、スピーチがはじまる前、前もって聴講者と話をする。

⑨今まで行ったことのない集まりに出る。自分から人に話しかける。
⑩いつも就寝時に成功しているシーンをイメージに描く。
⑪どんなときでもちょっと隙《ひま》があったらいいことをイメージする。夢見る。
⑫以上をできるだけフィラーなしで話そうと意識する。

これらのことを、どこからでも、どこでもちょっとしたときにパッとできるようになっていたら、自然に自信がついている証拠でしょう。

①～⑨に共通するのは、すべて声を出すということです（⑩～⑫は正のイメージトレーニング・自己肯定の実践です）。

声と自信は切っても切り離せない関係があります。声が出るようになったから自信がつくのか、自信がついたから声が出るようになるか。それは卵が先か鶏が先か、という問題と同様、はっきりしません。しかし、やはり自分の中に自信が育ってくるのを待つよりも、まずは**声を出すことを優先すべき**です。

88ページで紹介した、別人のように声や見た目が変わった女性も、発声練習や右の行動を意識的に行うことで自信を身につけました。

あなたにも、「あっ、できてる。人前でフィラーもなくなっているかも？」と思えるときが必ずやってきます。そんなときに、誰かにスピーチを頼まれたら、「あ、いいですよ」ってサッと答えてやってみましょう。心からそう言えたならもうあなたは本物です。

第5章

どんな場面でも次々言葉が出てくる！

＊脳内原稿のつくり方

フィラーを出さないストーリー構築

エア組み立て

今ここで皆さんが思っておられる本音。それは、「フィラーが出る、出ない理由はよくわかりました。3つの要素の大切さやセンテンスを短くすることや、〈間〉を入れることの大切さも理解しました。でも、実際には次に続ける言葉が見つからないと、フィラーは出てくるんですよ!」

そうですよね、まず言葉が出てこなければ「桃太郎」どころではありませんよね。でもあなたに赤ちゃんがいたら、ぜひぜひ「桃太郎」を声に出して話してあげてくださいね。そんな話し上手の親の姿を見て育ったら、きっと将来誰とでも話ができる子に育ちます。

それでは、スピーチの内容の組み立て方をここで勉強しましょう。

まず、今からやることは机上で、いや本書上で説明しますが、最終的にはこれを、書き出したりせずに、あなたの「思考」の中でエア組み立て、エアストーリー構築をしていくのです。

それを本書では「脳内原稿」と名付け、解説していきましょう。

脳内原稿づくりの4法則

では、具体的にどう文章をつくっていくかを実践していきましょう。1分のスピーチを「脳内原稿」化していく方法と過程を説明します。

まず、「仕事で私は成長する」というテーマで1分間スピーチをするという設定で、私だったらどのように脳内原稿を構築していくかをお見せします。

「私はベストスピーカーで話し方を教えています」

誰もが、まずはこのように自己紹介からはじめるでしょう。

あなたならどう入りますか。

「私は食品加工会社で研究職として働いています。……」

短い自己紹介をして、いきなり詰まってしまうという人もいるはずです。以降、そんなときの4つの法則を解説します。

「直近」を話す　脳内原稿のつくり方　法則1

今言ったことのすぐ直近の事柄や要素、関連度が比較的高いものを話します。

たとえば、「ベストスピーカーで教える」の直近は何か？　パパッと出してみると……。

- ビジネスパーソンがたくさん来られます
- 昨日は国際フォーラムで講座がありました
- 昨日は8人来られました
- 「ベストスピーカー」って良い名前でしょう？
- 1日でみんな「ベストスピーカー」になりますよ

いろんな直近があります。

時間的な直前直後、それも秒単位なのか、あるいは分単位、時間単位、日にち単位なのか。空間的な直前直後、数ミリ、数センチ、数メートル……。感情の直前直後でもかまいません。

何でもいいのです。1つでいいのです。**パッとインスピレーションで出てくる「直近」をすぐ捉えましょう。**そして、それを口にしましょう。いくつかの候補の中からあれでもない、これでもないと逡巡《しゅんじゅん》していると、そこにフィラーが攻めてきます。

そして、1つ「直近」が出てきてそれを語ったら、それに続く形で、また違う「直近」で繋げるのです。

もちろん、「直近」が出なくなって詰まってしまうことがあるかもしれません。

そんなときは、一瞬立ち止まって次の法則2を試してみましょう。

5W1Hでネタを探す

脳内原稿のつくり方　法則2

定番の「いつ」「どこで」「誰が」「何を」「なぜ」「どのようにして」の中から、パッと頭に浮かんだ事柄を話す方法が法則2です。

5＋1＝6個も言わなくても大丈夫です。1Wだけでも、2W、1W＋1Hでも、すぐに頭に浮かんだものだけでいいのです。

たとえば、「私はベストスピーカー講座で教えています。みんな1日でベストスピーカーになります。……」と、言葉に詰まった場合は次のように展開します。

「昨日は東京で開催しました。正確に言うと東京国際フォーラム、有楽町駅の目の前です。新幹線からも見えます」

これは「いつ」と「どこで」を使ったパターンです。

そうすると次が浮かんできます。

「皆さん、何かしら『話し方のココを直したい！』というはっきりとした思いがあって来られます。何しろ朝から晩までです。7時間カンヅメになってがんばろう、そんな気がある人ばかりですから」

これは「どのようにして」のパターンです。

その気になれば6項目全部言えます。なぜか？　私が自分でやっていることだからです。皆さんだってできます。**自分のことだから。**そして6つ一気に同時に言わなくていいのです。１つずつでいいのです。

背伸びして政治や社会の話、生き方、人生とは？　みたいな抽象度の高いテーマだと、事前に相当練らないといけないでしょう。しかし、話すことがないと思っていても、自分のことですから探せばいくらでもネタを掘り出せます。

エア写真を撮る　脳内原稿のつくり方　法則3

法則3は、自分の頭の中にあるイメージについて解説するという方法です。

話すテーマに関する映像や画像を頭の中で見ながら語ります。はじめて見る写真や映像と違い、自分が主観的に見て、知っているイメージですから、言葉で説明しやすいはずです。

仮に体験していないことでも、他人の話に共感したり、それを追体験した記憶、それについてパソコンでググッた情景なんかでも、イメージでいいのです。

当然、イメージが鮮明であればあるほど、微に入り細に入り語ることができます。

上は私のエア写真です。実際の写真ですが、**こんなイメージをパッと浮かべる**のです。

そして、たとえば私のベストスピーカーについて何も知らない人が質問してきたと想定するのです。

こんな質問をしてくるでしょう。写真と対比しながら、次の質疑応答を追ってみてください。

質問：けっこう暗いですよね。何をしているんですか？
回答：講座の最初にまず映像をビデオカメラで撮るんです。皆さん一人ひとりを。それをプロジェクターで映して、順番に見て分析し、弱点の把握、目標を定めるんです。そのときの写真だから部屋が暗いんです。

質問：人数はこれで全部なんですか？　もっとたくさんの人に教えると思っていました。
回答：大勢だと一人ひとりの問題点をつぶさに見れないでしょ。声はしっかり出ている？　フィラー言ってない？　表情が暗いんじゃないかな？　もっと身振りしてよ！　といったことを指摘します。だからこれくらいの人数がちょうどいい。

質問：それにしてもみんな熱心そうじゃないですか。どうしてですか？
回答：そりゃ、「私の話し方、何とかしたい！」って強く思っているからですよ。

質問：なんでそんなに強く思えるんですか？　あ、やる気がある人の集まりなんですか？

回答：その人の人生がかかってるからね。うまくプレゼンをしてコンペに勝って落札したい、面接試験で昇進する、他大学の教授公募に応募して勝ち抜く、社長就任のスピーチが迫ってる……、当然、真剣になるでしょ？

質問：なーるほど。そりゃそうですよね。でも、みんなの前で話すの、恥ずかしくないんですかね？

回答：そりゃ恥ずかしい人もいるでしょう。でも、それを乗り越えないと未来の人生は開けてこないと思ったらチャレンジしますよ。

質問：確かに……。でもほんとに1日で話し方が改善するんですか？

回答：それはその人の取り組み方次第。その「気」があれば課題をどんどんこなせるようになりますよ。地獄の特訓じゃないんだから、指摘を素直に受けとめて、まじめに取り組めば、最後のビデオ撮りで全然違う自分になれるんですよ。みんな「やった！」「人生変わった」って言いますよ。

こんなふうに、自分の仕事や自分が興味のあることだったら、一場面をイメージしただけで次々と言葉が出てきます。

この質疑応答ですが、実際に私の講座に興味を持った人に対して、私が説明した言葉をほぼそのまま文字に起こしました。質疑応答の流れも自然でしょう。このように脳内のイメージに対するセルフ質疑応答で、自分の仕事に関する話の内容を構築していけばいいのです。

皆さんには、自分の頭の中のイメージを見ながら、1時間でもしゃべれるくらいを目指してほしいと思います。それは他人事《ひとごと》ではなく、自分のこと、自分の興味のあることなんですから、それくらい微に入り細に入り、話ができるようにならなければなりません。

質疑応答でつくったスピーチ原稿

ちなみに、この質疑応答の内容をまとめて、「自分のスピーチ」をつくってみると、次のようになります。

ベストスピーカーではまず皆さんのお話ししている姿を撮ります。1分間のスピーチ。それを、部屋を暗くして皆で見る。一人ひとりの話し方を順番に見て、分析して、弱点の把握、目標を定めます。

人数も10人くらいでいっぱい。大勢だと一人ひとりの問題点を見られないから。声が出てるか？　フィラー、入ってないか？　表情暗い！　とか、もっと身振りしてね！　とか。だからこれくらいの人数がちょうどいいんです。

そして、みんな「私の話し方、何とかしたい！」って強く思っているからすごく熱心です。

だって、その人の人生がかかってるから。プレゼンで、コンペに勝ち、落札したい。面接試験で昇進したい。他大学の教授公募に選ばれたい。社長就任のスピーチを無事に終わらせたい。当然、真剣になりますよね？

最初はみんな、人前で話すのは恥ずかしいと思っていますよ。でもそれを乗り越えないと未来の人生は開けてこないと思ったらチャレンジするでしょう。

だから、その人の取り組み方次第で、ほんとに1日で別人になった！っていうくらいに改善します。

つまりそれは「気」です。その「気」があれば課題をどんどんこなせるようになります。地獄の特訓じゃないんですから。指摘を素直に受けとめて、まじめに取り組めば最後のビデオ撮りで全然違う自分が出来上がる。結果、みんな、「やった！」「私の人生変わった」って言います。

皆さん、チャレンジしましょうよ。自分の話し方を変えましょう！

どうでしょう？　話す内容が広がっていくでしょう？　**皆さんご自身の脳内イメージを使って、スピーチ原稿は即興でできていく**ものです。

1枚の写真を思い浮かべて、それに想定される質疑応答を順に説明していくと、それはもう、きちんとしたスピーチなのです。

テーマ、教訓、オチを明確に　脳内原稿のつくり方　法則4

仮にフィラーがなかったとしても、その内容がオチなし、意味なしはもったいないですよね。どうせ人前で話すのであれば、やっぱり何かしら聞き手が「聞かせてもらってよかった」「面白かった」と思えるものにしたいはずです。

そのために必要なのが法則4、次の3つの要素です。

- テーマ
- 教訓
- オチ

この3つのうち、どれか1つを考えることでスピーチの方向性や構成が固まり、

より安定して話せるようになります。 つまり、フィラーが出ないスピーチができるようになるのです。

まずはテーマから。

いきなり、「何でもいいからスピーチしてよ」と言われたとして考えてみてください。あなたならどんなテーマを考えますか？

きっと、「何にも浮かばない！」という人がたくさんいるでしょう。わかります。だけど、お題は自由、何をしゃべってもいいのですよ。

「『空気の構成原子がなぜ現状の比率になったのか』について話してください」と私がテーマを決めるより、たとえば「長女の愛ちゃんのかわいいところ」のほうが話したいはずです。

そう、自分の言えそうなこと、あなたの言いたいテーマを見つけましょう。

見つけられない！　という人、それは「見つけない！　やらない！」と拒絶しているのです。あなたが人の上に立つ人なら、人に話すことを依頼されて「いや、私はいい！」と拒絶できないでしょう。やる方向で考えてください。

テーマ：愛ちゃんはかわいい！

シンプルですが、これで大丈夫です。ほとんどの場合、「お題」イコール「言いたいこと」です。

次は教訓です。

教訓というと、何か立派なことを言わないといけないと構えてしまいますが、素直に感じていることを述べてください。教訓となりやすいのは、「○○すれば（しなければ）よかった」「○○は△△だと感じた」「今後○○にいかそうと思う」という自分の成功体験、失敗、後悔などから得た「学び」です。

「すごくかわいいから一生懸命育てようと思う」でもいいですし、「子育てをすることで親である自分自身の成長を感じている」でもいいでしょう。

教訓：愛ちゃんをしっかり育てることが親の責務だ。あるいは愛ちゃんを育てることは、実は、私自身を育てていることなのです！

これはオチとして使えます。

最後にオチです。

「というわけで、結論は○○です」という締め方でもいいのですが、ちょっと会場を温めたい、注目されたいという色気があるようなら、やはり笑いで落とすのが一番です。

オチ：愛ちゃんは、愛着（あいちゃんく）がわく！

こんなシャレであっても、聞き手はスピーカーが一生懸命話す姿に、同情にも似たやさしさを抱くものなので、意外と笑ってくれるものです。

そしてスピーチの最後は「I、You、We、のどれかで締める」というセオリーがあります。つまり「I」、「（私は）これからもがんばります！」。「You」、「皆さん、がんばってください！」。「We」、「一緒にがんばりましょう！」です。このどれかで拍手を喚起しましょう。

時間がないとき、どうやって話す内容を決めるのか？

フィラーが出やすい話のネタ

事前にテーマが決まっているもの、知っていること、得意なことは流暢《りゅうちょう》に話せる一方、決まっていないもの、知らないことや未経験なこと、尻込《しりご》みすることは、口ごもってしまいます。

しかし、パーティでも会議でも、突然、何の前触れもなく話を振られることがあります。しかも、よりにもよってほとんど関心がないテーマについて。

さあ、こうした場合の対処はどうすればいいでしょうか。

まずはそれぞれのテーマに対する自分のスタンスを、前向きにしなければなりません。

決まっていないこと

たとえば、「来年の目標は何ですか？」と、まだ決めていないことを聞かれたとしましょう。

現状、まだ決まっていないのであれば、それは正直に言うしかありません。嘘をついて適当なことをいえば、すぐにボロが出てフィラーだらけのスピーチになってしまいます。

そんなときは、「決まったら目標に向かって邁進《まいしん》します！」と前向きに言う。態度をはっきりさせることです。「現状、目先の1カ月後の試験に集中していますから、その結果が出てからでないと決められません」、あるいは「決まっていないことを今は言えません」でもいいのです。

「うーん、ちょっとわかりません、……（沈黙）」は一歩後退、弱いですね。

知らないこと

これもカッコつけずに「これは知りません」と堂々と言いましょう。知ったかぶりはバレます。嘘に嘘を重ねていけば、必ずボロが出ます。もちろん、フィラーも出ます。

ですから、「このスピーチが終わったら、まっしぐらに図書館に行って調べます！」というポジティブさをアピールしてください。

未経験なこと

これも恥じることはありません。

「私は今日、この年になるまで勉強と仕事に没頭してきました。でもすぐさま追いつきます。少々時間の猶予《ゆうよ》をください！」と言いましょう。素直に「どなたか教えてください」と言えば、快く手を差し伸べる人は必ずいます。

尻込みすること

勇気を振り絞ってしっかり言います。

「やってみます。今日ここで心を新たにします。皆さん見ていてください。何とかしてみます」と言えるようになることが大切です。自分自身が成長するチャンスなのですから。しかし、このときに大切なのは語気の強さ。その「気」をバックアップするのが「本気の心」です。それを言葉に出しましょう。

意思とスタンスを明確化

ここで具体的に脳内原稿の発展のさせ方を説明します。

先日の私の講座で出したお題が「夏休みの過ごし方」でした。

すると、途端に静まり返りました。なぜかというと、夏休みまでまだ2カ月以上ある4月下旬。誰も夏休みの予定を決めていなかったのです。そのような状況で、どうやって脳内原稿をつくっていけばいいのでしょうか。

夏休みの予定が決まっていたなら、「お盆はハワイのノースショアでサーフィンだ！」などと言えばいいのでしょうけれど、決まっていなかったら、「なーんにも決めてません！」、または「娘が行きたいと言っていたＵＳＪに行くかもしれません」のどちらかを瞬時に言えるように準備しなければなりません。

みんなの前に出て話すまでに数秒あるはずです。その間に決めるのです。

すでに予定が決まっている人は、先に説明したように「直近」のこと、「5W1H」での話の展開、脳内イメージを使った質疑応答を重ねていってください。そして最後は「オチ」「教訓」のどこかに持っていけばいいわけです。

問題は夏休みの予定が決まっていない人。

まず、**強い調子で言いましょう。**「決めてない！　ウチの社運のかかっているプロジェクトリーダーになった私にとっては、それどころじゃない！」と。自分の気持ちを強く言い切るのです。「決まってないよ～」「えーっ、もう言わなきゃなんないのかよ……」ではなくて。

他動詞ではなく自動詞を使って自分事に

やってはいけないのは、他動詞で「決まらない」「決められない」などと言うこと。それでは他人事になってしまいます。

自動詞で「決めません」と主張すると、人前では「はっきりしたあなた」「心が決まったあなた」を見せることができます。人前でフラフラした自分を見せたくないでしょう？

ちょっとでも希望があれば「行ってやるぞ」「やってやるぞ」。そうでなければ「やらない！」と、自分の意思をはっきりと示してください。

「今、父が療養中で遊びなんてとんでもないです」「嫁が税理士試験にチャレンジ中なので私は料理当番」「子どもの剣道夏合宿でそれ以外は何もなし」……等々。

その前提さえはっきり決まれば、それらをテーマにして「直近」「5W1H」「脳内イメージ」で話を展開し、最後の「教訓」「オチ」まで持っていきます。

「前置き」不要

スピーチをするとき、ほとんどの方は前置きから入ります。

「えー、改めまして、ただ今、司会のほうからご紹介がありました、わたくし、ベストスピーカーの高津和彦と申します。どうぞよろしくお願いいたします」

これで2行もスペースを取りました。時間にして15秒です。感動しましたか？

このようなどうでもいい定型パターンは誰も聞きたくありません。

司会やファシリテーターが「皆さん、お1人ずつ自己紹介をお願いいたします」と言われたのを受けて、「えー、まずはじめに、私の自己紹介なんですけれども」と前置きを入れる人がいますが、自己紹介することがもう前提なのですから必要ないですよね。

「いや、これは自然な入り方なんだからケチをつけなくてもいいでしょう?」と思われる人もいるかもしれませんので、プロポーズに置き換えて考えてみてください。「えー、まずはじめに、私のプロポーズなんですけれども、はじめさせていただきたいと思います。それでは言います……」

こんな前置きを入れたら雰囲気が台無し、もはやギャグです。

言いたいことから単刀直入に

自己紹介をはじめとしたスピーチでは、言いたいことからズバッと入るようにしましょう。これは慣れてくると快感になります。ただし、大きな声ではっきりと言う。その「気」が見えるかどうかがポイントです。

最初に切り出すトピックの候補をいろいろ考えてみる。

たとえば自己紹介なら、年齢、出身地、家系、仕事、趣味、両親のこと、専門のことなど、どれから入ったらいいかをシミュレーションしてみます。

注目してもらうには、「開口一番、興味を引いてやろう」「あっと言わせてやろう」「びっくりさせてやろう」のどれかを考えることです。

スピーチをすることになったら、このように思いましょう。プレゼンやコンペでは特にそうです。これが「つかみ」です。開口一番の内容で、聞き手の心を瞬時に掴まなければなりません。

急に意見を求められたり、スピーチをお願いされたら？

急に話を振られたときはあせりますよね。

先輩が急に近寄って来て、「このあと、あなた3分、しゃべってね」と。「えっ？ええっ！　あのー」と、フィラー混じりに返答したかと思うと、すぐにみんなの前に立たなきゃいけない。

ましてや舞台上から、「おい、そこ、食ってばかりいないで！　みんなに一言しゃべれ！」と、突然指名されることもあります。

このような状況に陥ったら、あなたは何をどうしゃべりますか。

スピーチをお願いされてから最短で数秒でしょうか。長い場合でも1分もないでしょう。「このあと話してね」と言われる状況ならもうちょっと余裕はありますが……。


一番厳しい状況での立ち回りを私のエピソードで解説しましょう。

私は話のプロだからどんなときでも、何でもうまく話せるとみんな思っています。だから何でもお願いしてくる。そして、その期待値どおりに私に話してほしいと思っている。最初からかなりハードルを高めに設定されています。

「だって、高津先生は話のプロだから、絶対、うまく盛り上げてくださるよね」と。相当プレッシャーがかかる状況です（まあ、それをいつも受けてがんばってしまう私がそこにいるというのもありますが）。


ある人の叙勲パーティのときのことです。事前に「少し遅れるよ」と言ってあったのですが、会場に着いたその途端、司会が私を見るなり言い放ちます。

「それでは皆さん、ここで乾杯の発声を高津先生に！」

私はあせりながらも前に進みました。心の中で「かんぱい〜カンパイ〜乾杯〜どうしよう？」と何回も繰り返しつぶやきながら。

で、フッと長渕剛さんの名曲「乾杯」が浮かんできました。と思っているうちに、もうマイクに到着。

「よし、これで行こう！　決めた！」

まず、「○○さん、おめでとうございます。乾杯という歌をご存じですか。歌います！」と言ってから、私はアカペラで歌いました。

「カンパ〜イ、いまあ君はぁ〜人生の大きな大きな舞台に立ちぃ」まで歌い、次のように続けました。

「そうです、今が○○さんの大きな舞台です。今ここに立っておられます。これから、さらに広がっていきます。皆さんもそれを期待しておられます。ぜひ今日から一層大きな舞台を目指して、新たなスタートを切ってください。皆さん、ご唱和ください。乾杯！」

みんな、大声で「カンパ〜イ！」、そして大きな拍手。

場は最高に盛り上がりました。

余談ですが、「乾杯の音頭」で長々話すのは愚の骨頂です。めったにお目にかかれないようなセレブでもない限り、主役以外の人の話なんて、正直聞きたくもないものです。みんな、「早く料理を食べたい！」の一心です。場を盛り上げるという一番の目的のために、これはわきまえておかなければなりません。

話のネタを数秒で決める方法

急に話を振られたり、スピーチをお願いされたときは、話すまでにほとんど時間がありません。

しかし、とにかくトピックを1個、1個だけでいいのです。直前まで、その時間内で思いつきましょう。

乾杯の発声でなら「その当事者、対象の人のこと」。今日の、最近の、過去の、出会った頃のトピックを、1個でいいのです。

●その人の何についての集まりですか？
結婚、喜寿、叙勲、社長就任、それについてあなたはどう思っていますか？　全部一気に言う必要はないのです。こう思う！　が出たらそれを補完する事実を１つ考えましょう。

●今日のこの場は？
みんなの様子、思い、期待、まわりの人と話してみてどうだったか。それについて話しましょう。あなたしか言えないことがあるはずです。

●今日という日はどんな日？
ここ〇〇では？　日本では？　世界では？

●この日のニュースは？
芸能人の結婚やアスリートの活躍などのおめでたい話、誰もが知ってその日のトップニュースなどが何だったかを考えてみてください。

- この集まりとあなたとの関連は？

主役の人どんな交流をしてきたか、主役の人はあなたにとってどんな人なのかを思い出してください。

こんなにたくさんの項目があります。これらのうちから1個でも何か思いついてください。とにかく取っ掛かりが大事です。そしてこのラインでいこう！　というおおまかな道筋を決めることです。


私が結婚式のＭＣをやっていたときのことです。

花束贈呈の時間。もうお開き10分前。新郎新婦が花束を手に両親の前へと進むまさにその瞬間。

会場サービスのキャプテンから司会の私にストップのサイン。

「進ませるな！」

スタッフのほうを見るとみんな慌ただしく動き回っている様子。準備が整うまで引き延ばし作戦が必要ということです。さあ、何分になるかわからない私のナレーションのスタートです。

瞬間思ったのは、新郎新婦の2人が今日、家を出発してから今の花束の時間までの両親との心のやりとりを、事前の打ち合わせの内容から勝手に想像して、それを時系列に述べていこうと。もう即興の作文です。

あとで聞いたところによると、ストップがかかったのは、引き出物の数が合わないのでお客様への配布の再確認を全員で暗闇の中でやらなければならなかったそうです。私はキャプテンからのＯＫサインが出るのを、話しながら今か今かと待っていました。こういうことを日頃やっているから瞬発力もついてくるのです。

スピーチをお願いされる人になろう

人前である程度話せるようになると、そこここでお声がかかるようになりますよ。

それは、あなたなら断らないから。話がうまいから。みんなの評判がいいから。

そんなこんなの理由で頼まれます。

そうすると、スピーチを依頼されるのは、自分である程度察知できるようになります。

「あっ、今日はなんか振ってこられるかもしれないなあ」「あいつはいつも無茶振りしてくるからなあ」ということに、イベントの日が近づいてくると、だんだん気づいてきます。

それはあなたができている証拠。

もしできない人であっても断らなければ、話が上達する、懸命さが見てもらえる、好印象を与えられる。さまざまなあなたの良い点を多くの人が知ることになります。

しかも、事前にお願いされた場合は、考える時間は十分あります。

たとえば、朝、家を出るときや、電車に揺られている間にでも考えてみましょう。

「もし突然振られたら何を話そうかなあ。やっぱり今日の会議の議題についてか？それはあまりにまっとう過ぎるかなあ。あ、先週結婚したやつがいたよなあ。それとプロジェクトにかけて話そうか。開口一番、何を言えばいいかなあ」

このように、自由に思いを巡らせられます。楽しいじゃありませんか。

何の準備もなしで臨むのと、振られるのを想定して、ちょっと考えているのとでは心の余裕が違います。

話す内容が決まっているときほど注意したいこと

暗記していて記憶が飛んだとき

「話す内容を暗記していたつもりが、記憶が飛んだとき」というのは、フィラーが出やすい状況ですよね。

こうした場合、どう対処すべきかを考える前に、まずは「暗記」の是非ついて考察してみましょう。

事前準備が、フィラー阻止対策の１つになると述べましたが、では原稿を書いて、それを完璧に暗記すれば問題ないのでしょうか。まったく話す内容を考えていないよりはマシかもしれませんが、**事前準備としては一番してはいけないこと**です。

文章になった原稿を丸暗記すると、話すより前に、まずそれを思い出すことに労力を割いてしまいます。

そして、ちょっと引っかかると先へ進めなくなるし、ハプニングに対して臨機応変な対応が難しくなります。

目の前の標識ではなく、目的地に向かって話す

たとえば、あなたがはじめての場所にドライブに行くとしたら、地図を丸ごと全部覚えますか？　最近はカーナビがあるので、地図を見ながら行くということはあまりないでしょうけれど、地図しかないという状況に置かれたとして考えてみてください。

そうした場合、通りすぎる交差点の名前やその数まで細かく覚え、そのとおりに運転しますか？　しませんよね。おそらく、ランドマークや高速の降り口、どこの交差点で曲がるかなど、大きなポイントしか記憶しないでしょう。

もし、細部にいたるまでルートを丸暗記できたとしても、その道が渋滞していたり、工事中で通れなかったりしたら、途端にパニックに陥るでしょう。迂回《うかい》ルート

を探すためにまた地図を開いて道順を記憶しなければなりません。しかも、出発前と違って時間の余裕がありません。

本来大事なのは、目的地に着くことであって、暗記したとおりに行くことではありません。

これと同じことが原稿の丸暗記の場合にも起こります。**内容を忘れたりハプニングが起こって気が動転したりすると、丸暗記だと軌道修正ができなくなってしまうのです。**

たとえば、スピーチをする現地の理想的な気候に対する称賛を、スピーチの冒頭でしようと思って必死で原稿を暗記したとしましょう。ところが、当日、現地に着いたらひどい大雨で会場にも来られなかった人がいたとか。

また、来賓《らいひん》のA氏への感謝のエピソードを入れた原稿を暗記したのに、当日来てみたら、氏は急用のために欠席されていたことが判明したとか。

あるいは、素晴らしい内容の原稿を用意したのに、場が盛り上がりすぎて、自分の番が来たときには誰も聞いてなかった！　なんてことはよくあります。

そして、こんな状況のとき、フィラーが出るでしょう。いえ、フィラーどころではなく、原稿どおりに話そうとしても、支離滅裂《しりめつれつ》なスピーチになってしまいます。

記憶が飛んだその時点で、新たな内容を考える

よく忘れたその時点で、もう一度その直前の1行を繰り返す人がいます。これは最悪です。繰り返すと、「あ、これ、暗記してきたんだ」と、瞬時にみんなに解ってしまいます。さらに、繰り返すときにフィラーの出る可能性が高い。

ここは間髪入れずに、しっかりとした言葉、フレーズで繋げなければなりません。たとえば、落ち着いて「皆さん、いいですか」とまず言う。そして「いいですか」で言葉をいったん止めたんだから、少々の〈間〉は取っていいのです。そのあとは、原稿を思い出すことはすっぱりあきらめて、自分の文章をその場でつくりましょう。

一度記憶が飛んでしまったら、「心（感情・性格）」は落ち着いてはいられません。原稿の内容は、十中八九思い出せません。私はこれまで、さまざまな場で司会を多

数経験してきましたが、**いったん忘れた原稿の内容を、「ああ、そうそう！」とまた思い出している人を見たことがありません。**

何しろそこまで「記憶という名のナビ」を見て運転してきたのです。だから、画面がパッと消えた時点でナビの即時修復は不可能です。

したがって、目的地に行くために、そこからは標識を見ながら自分で考えなければなりません。

原稿を取り出す

一番簡単な対処法は、念のために原稿を用意しておき、記憶が飛んだ段階で取り出すことです。仕方がありませんが安心です。

ただ、出し方にもコツがあります。**落ち着きはらい、悠然《ゆうぜん》と出す**のです。あたふたしない。原稿を取り出す時点ですでに減点ですが、それをあえて受け入れたうえで、さらなる減点を防がなければなりません。

今でもはっきり記憶に残っていますが、テーブルスピーチの途中、記憶が飛んでしまった男性。

胸のポケットから手帳や携帯、メガネ、ハンカチ、あらゆるものをテーブルに出したのに原稿はない！「あ、あった！ズボンの後ろポケットから出てきた」と思ったら、今度は老眼鏡が見つからない。というのも、場内が暗転していたため、老眼鏡を置いていたテーブルの上が見えなかったのです。

隣に座っていた奥様がバタバタしながら探し出し、「あなた！これよ！」と老眼鏡を渡してあげて、ようやく原稿をめくろうとしたら、今度は何ページで記憶が飛んだかがわからない。

やっとのことで、「あっ、ここだ！」と男性が思い出し、再度、読み出したときは場内割れんばかりの大拍手！大爆笑！話の内容はまったく私の頭に残っていませんが、その情景はくっきりと残っています。

皆さんにはこうはなってほしくありません。ぜひ落ち着いてスマートに原稿を取り出してください。

メモかバインダーを用意

話す内容を忘れたときの対処として、一番有効なのが、原稿ではなく、手のひらに乗るくらいの用紙にメモを書き込んでおくことです。

その内容は、**原稿の構成、つまりは目次、地図で言えばランドマークを記しておく**のです。そうすれば、記憶が飛んだとしても、今自分は何を話していて、どこに向かっていくべきかがすぐわかるので、軌道修正できます。薄暗くてもわかるように、太いマジックで書き込んでおきましょう。

内容が盛りだくさんの場合は、Ａ４サイズの用紙を１枚、バインダーに挟んで用意してください。それでも足りなかったら、バインダー上でページがめくれるようにしておきましょう。

このときに使うバインダーは、高級で見てくれのいいものにしてください。原稿を見ながら読んでいても、それが当然だと思わせるような雰囲気を醸すためです。キャラクターのバインダーはダメです。聞き手はそこに気が行ってしまうからです。

最初から暗記しない

結論からいえば、最初から暗記せずに、聞き手の目を見て最後まで話せるようになることがベストであり、一番カッコいいものです。

たとえ原稿を丸暗記してうまく話せたと思っても、聞き手はどこかで「あ、原稿を覚えてきたんだな」というのは、なぜかわかるものです。したがって、**いくらトラブルなく話し終えても、80点の出来にしかなりません。**なぜなら「覚えているな」と思われることは、「生の自分の言葉で話していないんだな」と感じさせてしまうからです。

役者がセリフを覚えて演じるのとは根本的に違います。役者はプロです。役柄に憑依《ひょうい》し、さもその人物が自分の言葉で語っているように見せられます。

たまにテレビの台風中継で、雨も風も収まっているのに「依然として強い風が吹き荒れている状況です」などとレポートをしているのを見かけます。しかも、その後ろをおじさんが悠然と自転車に乗って通り過ぎたりするものですから滑稽です。

これでは、用意した原稿をそのまま読んだことがバレバレです。

一方、「先ほどまで強い風が吹いていたのですが、今は少し落ち着いています」と伝えていたレポーターもいました。原稿を読んでいないことが一瞬でわかりました。用意したものを読むのと、生の自分の声を伝えることとでは、これくらい違いが出るものです。

そもそも、原稿を覚えていると、記憶が飛んでしまうことへの恐怖が常につきまといます。すると「心（感情・性格）」が不安定になる一方、「思考」は記憶をたどって淀《よど》みなく言おうということのほうに集中してしまうため、早口になったり、フィラーが頻発《ひんぱつ》するようになります。

したがって、リスクを完全に排除するのであれば、**最初から暗記をしないというのが、最善の選択肢**となるのです。

原稿を見ながら読むときにもコツがある

もちろん、他人の生年月日や絶対に間違えることができない情報など、正確に言わなければいけないときは、スピーチの途中でも、堂々と原稿を取り出して読みましょう。そんなことまで暗記するのは時間の無駄です。

ではどうすれば印象良く原稿を読めるのでしょう？

まず、これから読むぞということをしっかり宣言します。「内容を読みます」や、「彼はこう話しています」「私の論点をまとめます」など。

読む前に誰かの目をしっかり見ることも良い印象を与えます。文末では原稿から目を離し、誰かの目を見ます。そして1、2と数えてから次を読む。そうすることによって、落ち着いて伝えているという印象が残ります。

読み終えたら「引用、ここまで」や、「これが彼の考えです」などと言って、これで読むのは終わりであるとしっかり宣言します。そのときに誰かの目を見る。そして〈間〉を取って、自分の言葉で話を続けるのです。

テレビの向こうのカラクリ

皆さんの中には「自分の言葉で話せと言われても、たくさんの内容を、正確に、長時間にわたって話せない。海外の政治家など、どうして長時間あんなにうまく話せるのか?」と思われる方もいるでしょう。

確かに所信表明演説や、アメリカの一般教書演説など、学ぶべき素晴らしいスピーチがたくさんあります。

しかし、そういう大掛かりな大舞台での演説は、ほとんどがプロンプターという聴衆からはほとんど見えませんが、スピーカーにだけはくっきりと原稿が見える透明なガラスのボードが目の前に用意されているのです。そしてスピーカーはその文面を読むのです。

聞くほうはまるで自分に向かって話しているような、あるいは、誰かに対してしっかりと訴えているような、そんな印象を持ってしまうのです。

① スピーカーはしっかり目を見開いてプロンプターを読む。
② その方向の聞き手はプロンプターが見えないから見つめられているような印象を受ける。
③ 別の角度の聴衆はその方向に向かって語りかけていると思ってしま

う。

これら3つの相乗作用なのです。この3つがすべて同期して良い印象を届けるのです。

そしてスピーカーは、原稿を読んでいるのではなく、まるで俳優のようにセリフを暗記して言っているかに見える、そんな読み方のトレーニングを、スピーチの専門家から受けています。

また原稿も、日本の国会答弁のような「前向きに対処する所存であります」というような「書き言葉原稿」ではなく、うまく自然に話せるような「語り言葉原稿」、たとえば「すぐにやらなきゃいけないと思ってるんですよ！」といった言葉で書かれています。この原稿の質によってスピーチが違ってきます。

アナウンサーの見えないカンペ

たとえば、ニュースを伝えるアナウンサーの場合はどうでしょう。

かれらは、目の前のテレビカメラのレンズの真ん前に置かれたプロンプターを見て、話します。プロンプターはレンズの真ん前にあるので、同時にレンズを見ながら話しているのです。

それがまるで画面を通じてあなたにだけに話しているかのように感じるのです。そしてかれらは、キッと目を見開いて話しますから目力が強い。だから伝わるのです。これが伝わるからくりです。手元に原稿が置かれていますが、半分は視聴者に向けたパフォーマンスです。

皆さんも本書を読んで、プロンプターを用意して所信表明演説ができるようなキャリアを獲得されることを祈っています。蛇足ですが、プロンプターはレンタルすると10万円以上はしますので、予算もしっかり考えてくださいね。

将来は自分もそのような人間になる！　という人も、今はできないとすれば、第6章のトレーニングでしっかり聞き手の目を見て自分の言葉で語れる訓練をしてください。

そうすればプロンプター不要で、予算はマイク代でだけですみます。素晴らしい地声ならマイクだって不要ですよ。

第6章

目指せ！フィラーなしスピーチ

＊実践トレーニング

ここまで皆さんは、フィラーをなくしたいという一心でこの本を手に取り、フィラーのメカニズムを知り、理論武装をし、万全の心構えをつくり、そしてフィラーが出てこないようなスピーチ原稿がつくれるようになりました。……という気がしているだけかもしれませんが。

なぜでしょう？

それはまだ実践していないからです。そしてフィラーが出なくなったという実証が、いまだされてないからです。

さあ、チャレンジしていきましょう。絶対に成功していただくために、「人前で話す」ための9つの細分化されたトレーニングをここに提示します。一つひとつに大事な要素が盛り込まれています。マスターすべくがんばってください。

読むだけではダメですよ。イチローのビデオを1万回見てもイチローになれないのと同じです。とにかく自分自身でやってみる。どんどんできるようになってきますから。

鏡前1分間スピーチ　トレーニング1

1つ目は鏡の前での1分間スピーチ練習です。

たいがい1分話せば、自分の「話し方」のレベルがわかります。そしてその1分間スピーチのレベルを納得できるところまで持っていきます。そこまでできれば、あなたの話す時間が3倍になろうが、10倍になろうが、60倍になろうが、安定したスピーチができるようになります。

スピーチ慣れしていない人にとっては信じられないかもしれませんが、1分間、原稿なしで話すことができれば、何でも話せるようになります。

目的と効果：スピーチの基本を身につける。すべてのスピーチ練習の土台になる。

用意するもの：大きい鏡、レコーダーとストップウォッチ（スマホのアプリでOK。スマホであればほとんどの機種で同時に使用できるはずです）

①鏡の前に良い姿勢で立つ。
②自分の目をじっと見続ける（60秒間ずっと見る）。
③60秒間原稿無しでスピーチをする（テーマは自由）。少々の時間の超過は可。
④録音したスピーチを聞いて自己分析（フィラーは出ていないか、声は出ているか、内容の筋が通っているかなど。時々でいい）。
⑤自分が納得できるレベルまで①〜④を繰り返す。

相手の目を見続ける

鏡の前で行うのは「見た目」が大事だからです。

話し手が聞き手に与える影響の割合を示したメラビアンの法則によると、人の印象には、見た目が55パーセント、声が38パーセントも影響しているそうです。この2つだけですでに93パーセントなのです。これで自分の印象が決まるのです。

すべてのスピーチの基礎「鏡前1分間スピーチ」

① 鏡の前に立つ。
背中を丸めないように注意。

② 60秒間、鏡に映る自分の目を
じっと見続けるのを忘れずに。

③ そのまま原稿を見ずに
自分の目を見ながらスピーチ。

④ 録音したスピーチを聞いて自己分析
（フィラーは出ていないか、声は出ているか、内容の筋が通っているかなど）。

⑤ 自分が納得できるレベルまで
①～④を繰り返す。

見た目が大事だからといって、何も1人でするトレーニングのときに、いいスーツやドレスを身にまとわなければならないということではありません。この段階で見た目に気をつけるのはたった1つです。

それは、**相手を「見る」**ということです。

だから鏡を使ってトレーニングするわけです。鏡に映った自分の目を60秒間ずっと見ていてください。絶対に目をそらしてはいけません。目をそらした瞬間、相手に撃たれる、あるいは「この鏡のヤツを撃ってやろう!」というくらいの気持ちで見続けてください。慣れてくれば自然に見ることができるようになってきますが、最初は「超強制的」に見ることを意識してください。

人前で話すときによくあるのが、「え〜」というフィラーに合わせて目が天井を見る、脇を見るといったしぐさです。これは、「聞いている人に対して集中しよう!」という正の「思考」が、「あれ、何言おうか……」という負の「心(感情・性格)」に負けてしまって、目をそらせてしまうのです。

しかしあえて見る。話す内容が出てこなくても、自分の目を見続けてください。

鏡は、全身が映る横90センチ×高さ１８０センチのものが理想。しかし、贅沢《ぜいたく》はいいません。洗面化粧台にある50センチ×80センチくらいのものでも十分。自分の顔に集中できれば、とりあえずはＯＫです。

大きい鏡は手を動かしたり、歩きながらスピーチをするときのチェックには必要かもしれませんが、この段階では不要です。

次のスピーチ原稿は、実際に私が鏡前1分間スピーチに挑戦してみたものです。参考までに、経過した時間やポイントともに載せます。

0：00　スタート[01]――

人生はジャズピアノです[02]！

皆さん、ジャズピアノとクラシックのピアノの違い、わかりますか？[03]

01　0：00でスタートです！陸上の100メートル走の号砲、即スタートの場面をイメージしてください。

02　「○○は△△だ」という形で、言いはじめる前にサッとお題を決めます。

ジャズっていうのは、そこで思ったことをすぐそのままピアノで弾くのです。[04]

これはそのまま、人生そのものじゃないですか？[05]

やりたいことをすぐやるのが人生です。[06]

0：19　経過――

こんなことを次やりたいなぁというのを、次々ピアノで弾いていく。

それが1つの生き方と同じようなものではないでしょうか。

譜面から見て、それをそのまま譜面どおりに弾くのではなくって、気分のいいときは気分のい

03　みんなが「え？　何のこと？」と話についてこられない顔をすれば、持論を述べるよりも前に、すぐに問いかければいいのです。時間稼ぎの作戦としても使えます。

04　そして一息入れて持論展開。

05　人生になぞらえる比喩は、みんなが好きです

06　そしてその説明をかみ砕きます。

07　譜面を見るか否か、より具体的に掘り下げる。これだけ深く言えばわかってくれるはずです。

いように弾く。[07]

0：42 経過――

悲しいときは悲しいように弾く。[08]
それを曲に乗せて表せるというのは素晴らしいことだと思います。

0：54 経過――

皆さん、ぜひジャズピアノをやってください。
そうすると自分の表現能力もアップしてきます。[09]

人生楽しくなってきますから。[10]

皆さん！ トライしてみてください[11]！

08 「気分のいいとき……」「悲しいとき……」では抑揚や表情をつけ、演じてください。

09 あと5秒のサイン！「ぜひ！」で強く打ち出し、結論へ。少し飛躍し過ぎですが、強く言えば「なるほど！」と思われる。文脈は少し変ですが、気にしないでくださいね。

10 発展する言葉「人生、楽しく……」を持ってくる。教訓っぽさが出ます。

11 最後は、「I」「You」「We」のうちのどれかで締めます。「We」＝「皆さん！」、この最後をジェット機の上昇気流の心持ちで話します。下降気流には

1：03 経過——

しないでくださいね。1分を少しくらい過ぎても強く言えばOKです。

皆さんも挑戦してみてください。1分間鏡から目をそらさずに話し続けるというのは、意外と難しかったのではないでしょうか。

どうしても目をそらしてしまうという人は、まずは話さず、1分間鏡の自分から目を離さないようにしてください。そしてそれができるようになってから、スピーチをしてみてください。

このあとのトレーニングは、鏡前1分間スピーチができたという前提で進みますから、レベルが高くなっていきますよ。

アナウンサーに勝つスピーチ　トレーニング2

鏡の自分に向かって1分間話すことができたら、次にアナウンサーにチャレンジします。出来ます。最低限相手は文句言ってきません。

これはアナウンサー用の原稿を用意して読むというわけではありません。テレビの中のアナウンサーに向かって、自分の話を1分間しゃべり続けるのです。

用意するものは基本的にはテレビだけです。

ニュース番組や、Eテレなどで出演者1人がずっとしゃべってくれているような番組が望ましいでしょう。相手が話し続けてくれている番組がベターです。

目的と効果：テレビのアナウンサーよりも大きな声を出すことで、声量を上げる。思考を途切れさせず、トークの主導権を握る。

用意するもの：テレビか、ニュース番組の動画を見られるパソコンやタブレット、スマホなどのデバイス、ストップウォッチ（スマホのアプリでOK）

①（テレビの場合）チャンネルをニュース番組に合わせる。

②テレビの音量を、普段の自分の声よりも大きめに設定する。

③1分間、アナウンサーより大きな声で、途切れることなく話し続ける（話

す内容は自由)。

音量を大きめに

テレビの音量は、普段の自分の話す声よりもちょっと大きめにセットしましょう。そのほうが**こちらの声の張りも良くなります**から。テレビの音量を上げられない人は画面に近づいてください。決して大声を出す必要はありませんが、ボソボソしゃべらないようにしてください。そんなつぶやき声ではアナウンサーに勝てません。少なくとも、**アナウンサーの声量を超えるようにすることが大事**です。

さあ、ストップウォッチ0：00から即スタート！

自分：毎日10キロ走る、これが私の趣味です。
アナ：今日のニューヨーク外国為替市場の円相場、一時1ドル＝105円27銭をつけました。7カ月ぶりの円高ドル安水準です。

あなたは負けないように次々と自分の話を展開していきましょう。

「あっ、負けてるな」と思ったら、テレビに向かって「有働さん、聞いてますか？」などと主導権を取るように呼びかけて挽回《ばんかい》しもいいですよ。相手は反論してきませんから大丈夫。アナウンサーのトークが途切れたところで、余裕を持って呼びかけられたら立派です。

アナウンサーがトピックを変更するときに合わせて、「続いて私のニュースです」や、「そちらは全国の天気ですが、こちらは明日の高知の天気をお伝えします」と、自分から相手に話しかけられれば、それは余裕の証しです。

主導権を奪え！

話が途切れたら絶対にダメです。番組に気を引かれて頭が真っ白にならないように。自分の思考が、どんな状況でも途切れず、声を出し続けるというのがこのチャレンジのミソです。そして「私は有働さんに勝ったわよ！」と心から言えるようになりましょう。

1分間の挑戦に慣れてきたら、時間を3分くらいまで延ばしてみましょう。最後は、「この時間、高津がお伝えしました」で締めてください。

手話通訳者の身振り手振りを超えろ　トレーニング3

手話ニュースはスピーカーにとって非常に参考になります。

手話通訳者は、手振り身振りが大きいので一生懸命やっているように見えます。顔の表情も豊かですから、気持ちが乗って見えます。口が大きく、はっきり動きますから、エネルギーを感じます。

相手に物事を上手に伝えるには、身体、表情、口の動きが大切なのです。

さあ、この手話通訳者に学びましょう。もちろん、手話そのものを真似るのではなく、手話通訳者の豊かな動きを参考にするのが目的です。

目的と効果：手話通訳者の口の開け方、表情のつくり方、身振り手振りを学び、身につける。

用意するもの：テレビか、手話ニュースの動画を見られるパソコンやタブレット、スマホなどのデバイス、ストップウォッチ（スマホのアプリで

ＯＫ）

① （テレビの場合）チャンネルを手話ニュースに合わせる。
② （声は出さずに）口の開け方、表情のつくり方、身振り手振りを真似ながら、トレーニング2のように1分間、ナレーションより大きな声で、途切れることなく話し続ける（話す内容は自由）。

滑舌を良くするコツ

口を大きく開けるだけで滑舌も良くなります。滑舌の悪い人は口が開いていないのです。すぅ～と唇を通り抜ける微量の空気の動きでしかない。だから空気のヌケが悪い。

それを大きく母音の形、あ、い、う、え、お、それぞれの正しい形に開けて話すのです。そして息を一気にスカッと出す。

「そうすると」正しい滑舌です。「ソゥ・スルッ・トッ」というふうに意識して話しましょう。「そぉすっとぉ～」と酔っぱらいの様にわざと話して、その対極をきわめるのも効果があります。

3つの動きをオーバーに

はじめての場合、**表情、口、身振り手振りの3つを同時に意識して動かすのは難しい**ものがあります。そんなときは、次のようにトレーニングに臨んでください。

- まず、どれか1つを集中して実践する。
- それができたら2つを同時にやってみる。
- 最後に3つすべてをやる。

最初の段階では不自然でもいいのです。

これを繰り返していると、意識しなくても、目にも力が宿ってきます。最終的には3つの動きが自然と大きめに出ることを目指してください。

ここまでくれば、文中にフィラーの入る余地はあまりありません。**あったとしてもまったく気になりません。**

たとえば、しかめ面が出て、ロダンの考える人のような手のポーズをして、3秒間真剣に〈うーん〉と唸《うな》ったとします。それをはみっともないフィラーでしょうか？いえ、迫真の演技であり、人を引き込みますよね。身振り手振りとはそういうものなのです。

あなたにそれができないとしたら、心の中にきっと「テレ」があるからです。自分のキャパ外の行動を強いられると「テレ」でそれを隠そうとするのです。「ヤダ！」「できないよ〜」「恥ずかしーイ」と言って心の動揺を過大表現して逃れようとする。それは一般人の行動。一方、役者はどんな状況でも「テレ」ずに、なり切ってスッとできます。あなたの心に潜む「テレ・悪魔が怖い」に勝ちましょう。

声なし・身振りのみスピーチ　トレーニング4

前回のトレーニング3でやった「身振り手振り」は、ほとんどの日本人は苦手です。なぜなら日本の文化の中に、人前で何かを言って、それを効果的に伝えるということは伝統的にあまりありません。だから、日本人に身振り手振りは縁遠い。「演じる」は確かにあります。能、狂言、歌舞伎などです。また、音楽の分野でも、民謡、お神楽、雅楽などがあります。しかし人前で「言う」だけで伝えるというのは形式のものは。

　近いもので祝詞があります。しかしこれは「読む」ものです。神様に心を伝えるものです。心だけを一身に伝えればいいのです。声が出てようが出まいが関係ない、ただただ心です。それが現在の、式典で祝辞を読んでその原稿を渡すという形として残っています。そこに身振り手振りはまったくありません。

　しかし読むという文化は狭まってきています。西洋型の「人前で話す」が、日本型の「人前で読む」を凌駕してきています。だから皆さんもそれではいけないと思ってこの本を手にされたのでしょう。

　このように社会の思いは西洋型の人前スピーチに向いているのに、動きがついてきていない。それは旧来の悪い習慣を引きずっているから。

　そしてここへきて、誰がどこではじめたのかは定かではないが、前で手を組むということが、まるで模範とすべき日本の旧来のしきたりであるかのように、広まってきています。

　たぶん間違ったマナーの伝播。そしてテレビを通じて爆発的に拡がっています。

バラエティなどみんな前で手を組んで並んで立たっていますよね。おそらく局がそう指示しているのでしょう。

またマナー教育では、女性はおへその前で手を組めと指導されます。特にサービス業などにおいては。見ていて不自然、非常に違和感があります。欧米から見ると首をかしげるような姿勢です。これは李氏朝鮮のしきたり。

本来の日本の手の置き位置は、太ももの付け根。指を軽く伸ばし股関節の前に添えるのです。これはまあ自然でしょうが、それでも神様の前だけです。

さて、そんな文化の中、身振りトレーニングをします。

なぜか。身振り手振りをするとあなたが映えるからです。説得力が増すからです。そこでこの点だけに絞って強化するトレーニングを今から説明します。それが「声なし身振りのみスピーチ」です。

普通のジェスチャーと違うところは、口は実際にしゃべるようによく開いて、息は出しますが、声は出さないでやるという点です。だから文章はちゃんと脳内でつくってくださいね。一見、手話ニュースとほぼ同じです。

目的と効果：自信にあふれた身振り手振りを身につける。
用意するもの：ぬいぐるみや人形など、目がある置き物、ストップウォッチ（スマホのアプリでOK）

① ぬいぐるみや人形を、自分の目線の高さに置く。
② ぬいぐるみや人形の目をじっと見る（1分間見続ける）。
③ 1分間、口を動かしながらも声には出さず、身振り手振りだけでぬいぐるみや人形にスピーチの内容を伝えるつもりで身体を動かす。

声を出さないからこそ、身振り手振りの重要性がわかる

まずはぬいぐるみを置いて、それに向かって語りかけます。

気をつけることはぬいぐるみの目の高さを自分が立ったときの目の高さにすることです。そうしないと目線が上がっていたり、下がっていたりすることになります。

声に出さないからといっても、口を一生懸命動かして語ってください。

声を出せないことがハンデに感じるからこそ、身振り手振りを大きくしなければ伝わらないというところに意識が向くことが、このトレーニングのポイントです。

手だけでさまざまな表情を生み出せる

さまざまな表現ができる手

もう1つ注意点。バラエティに富んだ手の動きをしてください。

「一つあります」で、人差し指を天に立てる。「気」の違いによって、胸元の指か、肩高さの指か、頭の高さの指か、手をまっすぐ伸ばした指か。これをいろいろ全部やってください。

また、**「ダメです」**では、人差し指を胸元で左右に振るしぐさもあれば、手のひら全体を振るパターンもあります。手のひらを下にして胸の前で横に切るように振ることもあります。

「やりましょう！」は指1本を前に向かって振ってもいいし、片手で外に広げてもいいし、両手を広げてやってもいい。要は、「さぁ！　やるぞ」という気分や「でしょう？」という姿勢が、そのあなたの動きから見て取れるかどうかです。

しゃべるときは常に手が動くようになろう

ここで陥りやすいのが腕の動きがワンパターンになってしまうことです。最初から最後まで手を上下に振ったり、親指を立て続けるようなことは意識してやめましょう。また、右手ばかり動かしたり、左手だけを動かす、いつも左右対称の動きにならないように気をつけてください。

要は、変化をつけるということです。左右非対称の、緩やかな、激しい、なめらかな、小さい、大きい、予想外のいろんな動きをしてください。それが人の目を引きつけるのです。

オペラ歌手、ジャズダンサー、フィギュアスケーター、演歌歌手、フラダンサー、欧米の政治家、もちろん前出の手話通訳者……。このような人たちの映像を一度見てみてください。いかに一般の日本人のスピーチに身振り手振りが必要かがわかります。

普段から、何かをしゃべれば手が一緒についてくる！　というまでになりましょう。それが「自然に」への第一歩です。

家中歩き回りスピーチ　トレーニング5

自然なスピーチを手に入れるためにお勧めなのが、「ウロウロしてしゃべる」トレーニングです。

ここまで皆さんには、「心（感情・性格）」を強く保ち、スピーチ内容を「思考」して、「声」をしっかり出して、さらには身振り手振りを効果的に使う必要性を説明してきました。

そして、ここでは立ち位置を変えていくことで、もっと言うと、歩き回ることで、**「自然」という新たな要素をあなたのスピーチに取り込んでほしい**のです。

歩いているときに意識するとすれば、どんなことでしょうか。「これじゃ遅れるぞ」「気持ちいい風だなあ」「まだ時間に余裕があるわ」「暑いなあ」「着いたら開口一番なんて言おうか」といったことです。それは極めて自然な行動ですよね。
したがって、話しながら歩けたら、それは自然なことなのです。自然にスピーチができたらフィラーでさえも自然になります。

目的：きれいな姿勢をした、自然な動き、スピーチを手に入れる。
用意するもの：ストップウォッチ（スマホのアプリでＯＫ）
① 家の中で１分間スピーチをスタートする。
② 数秒後、スピーチを続けながら、どちらかの足を一歩前に出す。
③ その後、家の中を歩き回りながら、聞き手が集中して目と耳を向けてくれているんだという意識で話し続ける。

意識的にゆっくり歩く

せかせか歩きながら話すというのは、どこか不自然に感じますので、意識的にゆっくり歩くくらいのスピードがベストです。

気をつけることは、誰かに向かってしゃべっている、そっちを見て話すことを意識してください。特に、後ろに下がっているとき、方向が変わったときは、目を離しやすいので注意しましょう。

歩くときの姿勢は、脳天から紐《ひも》でつるされているような、背筋の伸びた「操り人形」を意識してください。姿勢を直したからといって「フィラーは出ません」とは言いませんが、**フィラーが出たとしてもカッコ悪さは軽減されます。**

身体の軸と目線が与える印象

ここで身体の軸と目線について説明します。
身体の縦軸——下半身、上半身、頭の3つの部位を、基本的にすべて対象物に向けるのが理想です。頭だけが相手のほうを向いていて、下半身と上半身が別方向を向いていると、見られている相手は気持ち悪く感じるものです。片手間で話されている、あまり本気じゃない、乗り気じゃないんじゃないかと思ってしまいます。したがって、全身3部位が聞き手に向いている状態が一番理想です。

一方、全身3部位が全部聞き手の反対側を向いていて、目だけが正面を向いているというのは、最高に聞き手の気分を害します。その目は「妬《ねた》み」「敵意」「蔑《さげす》み」「挑戦」を示します。

ぜひ、自分で鏡を見てどんな気分かを体感してみてください。

これらの状況を「プロポーズするとき」に当てはめてみると証明できます。あなたは3部位と目の位置、どの状態でプロポーズしますか？　受けますか？　成功か失敗か、おのずと明らかですね。鏡を見て確認してみてください。

姿勢を正す

姿勢を正すには2つの方法があります。

その1、踵、ふくらはぎ、お尻、肩骨、後頭部を一直線に揃える。壁に全部を当てたら、それが良い姿勢です。

その2、「操り人形」になる。ツムジの毛を指で摘まんでください。それを天の方向へ引っ張り上げる。もっと！　背伸びになる！　その踵をそのまま降ろす。それが良い姿勢です。どちらの方法でもいいです。いつもその姿勢を意識して保ってください。

動くと、歩くと、座ると、立つと、人は姿勢が崩れます。おそらく、座るときに前かがみになっているのでしょう。

一度鏡の前に椅子を置いて鏡を見ながら座ってください。前かがみになっていませんか？　前かがみになっていたら、背骨を垂直にして座ってください。

具体的手法、それは椅子の背と座の接合部に、お尻全体を突っ込むのです。すると自然に真っ直ぐになっています。背もたれにも頼らなくなる。

座り方は、一気にサッと。腹筋を使うので少し苦しいかもしれませんが、見た目はかっこいいはずです。立つときも同様、前かがみにならないように垂直に腰を上げてください。

歩くときもボロが出やすいものです。人前で映える姿勢とは、脳天から紐でつるされているような「操り人形」の姿勢です。姿勢を治したからといって「フィラーは出ません」とは言いませんが、フィラーが出たとしてもカッコ悪さは軽減されます。

誰かに聞かせる家スピーチ　トレーニング6

ここまでのトレーニングで、少し自信がついてきたなら、いよいよ、他人に向けてのスピーチになります。トレーニング5に続いて、家の中などで家族や友人を相手に行いましょう。

これまでやってきた、大きめの声で、身振り手振りを交えて、しっかり話します。家中歩き回ってもいい。玄関から風呂場、キッチンから寝室まで。そしてその道程で家族に聞かせるのです。

そうするといろんなところから声が飛んできます。「やかましい、パパ！」「声が出てないわよ～、あなた！」などなど。それにめげないでください。

たった1分ですから、最後までやりとおしましょう。

目的：実際に他人に聞かせることで、人前でのスピーチに慣れる。
用意するもの：ストップウォッチ（スマホのアプリでＯＫ）

① 家の中を歩き回る。
② その状態のまま、家の中にいる家族に聞こえるように、1分間スピーチをする。

入試面接で大成功

これをやったことで、私の姪っ子は某トップ国立大の面接で大成果を上げました。「面接がなかったら合格しなかった」とまで言っているのですから、本物のプレゼンターでしょう。

その芽はすでにありました。キエフのアメリカンスクールでの卒業プレゼンテーションのお題は「血液型と性格の関係」。日本人以外は誰もやらないテーマ。笑えるけど高校生らしいですね。

母親が料理する台所のそばの鏡を見ながらの「鏡前1分スピーチ」トレーニング。母のクールなダメ出し、弟が背後で踊るエグザイルダンスのおふざけ妨害。それをはね除けてやり切ったそうです。

つまり内容じゃないのです。どう「デリバリー」するかなのです。自己中の「歩き回り」から、ターゲットのある人へのプレゼン。最後はきっちり「聞かせる」へ繋げていってください。

継続が大きな成果を生み出す

ここまで6つのトレーニングを紹介してきましたが、それを続けるにあたって大切なことは、**自分の中で徐々にハードル上げる**ことです。1日1分間スピーチを5回しても5分です。少しずつ回数を増やしてクオリティを上げていってください。

かつて、落語の桂《かつら》枝《し》雀《じゃく》師は、阪急電車のドアのところで外に向かって（人に向かってじゃないですけど）、1人小声でぶつぶつ操っていたそうです。

ベストスピーカーで指導していただいていたAアナ先生はいつも帰宅途中の田《たん》圃《ぼ》道《みち》で、発声の練習教材である「外郎売《ういろううり》」を、大きな声で言って喉《のど》を鍛えていたそうです。仕事が終わってからですよ。野球の実況中継をするアナウンサーがですよ。

これがプロ意識というものです。皆さんはましてスターターです。がんばってください。

単文スピーチ　トレーニング7

ここまで家族の人に、あるいは友人知人に聞かせることができたなら。次は作文力のレベルアップをはかります。

多くの人がフィラーを出してしまう原因の1つが、センテンスを長くしてしまい、次の言葉が見つからないからと説明しました。したがって、「単文で言う」トレーニングは有効です。

「桃太郎」のところ（104ページ）でも学びましたね。単文はどんなに楽かを。〈。〉のあとは大手を振ってお休みできるかを。それでもスッとできる人はあまりいないかもしれませんが、決して私の言っていることが間違っているからではないのです。

なかなかうまくいかない原因は、「単文だと空く〈間〉が怖い」という潜在意識がそうさせているのです。

今からするのはそれを解消するトレーニングです。

目的：〈間〉への恐怖心を払拭し、歯切れの良い話し方を手に入れる。
用意するもの：ストップウォッチ（スマホのアプリでOK）
① 1分間スピーチをスタートする。
② スピーチの内容を、最短のセンテンスに区切りながら話す。

可能な限り、最小単位のセンテンスに

皆さんの1分スピーチを全部短文にしましょう。

単文とは、「○○は△△だ」が最小単位の構文です。

複文とは、「□□の○○は△△だ」ですが、この構文をやめるのです。「庭に咲いている花は赤い」は英文でいうと、関係代名詞、関係副詞を含む文章です。英作文でつくるのは難しいでしょう。「庭に花がある」+「その花が咲いている」+「赤い花だ」に分解できます。

重文とは、「▽▽は□□で○○は△△だ」です。

「花は赤くて、草は緑だ」は、「花は赤い」+「草は緑だ」の2つに分解できます。「and」で繋がっているのを分解して2文にします。

かつて受講生から、「庭に咲いている花は赤い」は文法的にも間違っていないし、極端に長くもないから、それくらいいいいじゃないかという質問を受けました。

確かにそうです。では、なぜこの訓練をするのか？　それは**ここぞというときにパッと最短の「単文で言い切る」ことがいつでもできるようにするため**です。また慣れてきたときに、長文＋単文＋長文……で変化をつける際も必要だからです。

相手に自分のスピーチを繰り返してもらう　トレーニング8

まず、2人が向かい合わせになります。距離は遠いほど良いですが、3メートルは取ってください。あなたが1センテンスを発したら、相手にそれを繰り返し諳《そら》んじてもらいます。

目的：歯切れの良い話し方を手に入れる。
用意するもの：ストップウォッチ（スマホのアプリでOK）、自分の言葉をリピートしてくれる聞き手

①スピーチの1センテンスを話す（各センテンスが最短になるように工夫する）。
②聞き手はその1センテンスを繰り返し口にする（聞き手の記憶が追いつかず、繰り返せない場合は、そのセンテンスが冗長だったことになる）。
③そのまま①②をスピーチが終わるまで繰り返す。

コツは、トレーニング7で解説した「単文」で話すことです。

たとえば、「人生はジャズピアノだ」と話します。

そして、相手はそれを一言一句違えずリピートします。

「人生はジャズピアノだ」

これを、「私は日頃から人生はつくづくジャズピアノじゃないのかなあっていうふうに思っているんですよ」というような、たらたらしたことを言うと、相手は、「私は日頃の人生はジャズピアノを弾くんじゃないのか？　あぁ、つくづく？　思っています？　だったっけ？」と、その記憶をたどるのに必死です。たぶん二度と正確に繰り返すことができないでしょう。

こんなセンテンスは決して聞き手の頭に残りません。

たまたま何とか同じように言えたとしても、記憶をたどって言えただけで頭には残りません。

しかし皆さんは言うでしょう。「これくらいの長さだったら言えますよ」と。

そうかもしれません。しかし、この文章が出てくるのは、その前に例文の「人生はジャズピアノだ」という前振りあったからかもしれません。もし、この文章を、初めて聞く内容で、いきなり言われて、滑舌悪くて、声小さくて、マイクに通っていないような状況でも、絶対どんなときでも繰り返せると断言できますか？

つまり、書いてあるから言えるのです。

しかし、単文であれば間違いなく言えます。

二度でも、三度でも言えます。何回でも言える！

短ければ短いほど、相手の頭に残る

何回でも言えるという内容は、もう聞き手の頭の中に入り込んでいるということです。頭の中に留まっていますから、それがその人の知識となって定着します。それを確認のため繰り返してもらうのです。

自分：ジャズピアノとクラシックは違う。
相手：ジャズピアノとクラシックは違う。

仮に「ジャズピアノとクラシックピアノは根本的に違います」と言いたかったとしても、「ああ、こんなに言っちゃうと相手は正しく繰り返せないかもしれない！」と直前に思い直し、瞬間的に短くしてください。

相手に絶対間違えずに言ってもらおうとすると、そういう神経が働くのです。

それでも「根本的」を削る妥協はできないのであれば、続けて新しいセンテンスを考えればいいのです。

自分：根本的に違うのです。
相手：根本的に違うのです。

ここまでできるようになれば、あなたには「絶対に短くするぞ！」の気持ちができています。

自分：どこか？
相手：どこか？

もう「その違いはどこかと言うと」や「それはどこかと言うと」は取って、「どこか？」だけになっています。短いセンテンスづくりに慣れてきた段階です。
このような話し方にフィラーが入りますか？　入れようとも思わないでしょう。入る余地はありません。
次は、答えだけをまた端的に言います。

自分：楽譜を見るか見ないかです。
相手：楽譜を見るか見ないかです。

最後まで相手に間違えずに言わせたら、それは相手の勝利であると同時に、あなたの気遣いの勝利でもあります。

その**気遣いが「相手にわかりやすく言う」に通じる**のです。つまり「伝わるスピーチ」です。**普段のスピーチで「繰り返せるよね?」と思いながら話してください。**そうすると、相手はうなずいてくれますから。

このトレーニングは、相手が繰り返しますから、時間が倍かかります。だから1分ではなく2分でやってください。子どもも相手にやると喜びます。パートナーはあなたの話を聞くようになります。もちろん繰り返して言えるようにもなります。躾《しつけ》にもなります。

写真を見て即20秒スピーチ　トレーニング9

今までのトレーニングの集大成です。脳内瞬発力を高めましょう。パッと見てすぐ言葉で反応する練習です。思考にスピードをつける。絵を見た瞬間に言葉に出す。20秒を過ぎてもかまいません。最後はきっちり締めくくりましょう。

目的：スピーチの瞬発力、発展力、構成力、まとめる力を身につける。
用意するもの：適当な写真や絵。また、それらが掲載された雑誌、パソコンやタブレット、スマホなどのデバイス、ストップウォッチ（スマホのアプリでOK）

① 写真を見る。
② その写真について間を置かずにおよそ20秒間スピーチする。

次ページでは、私が実践した次の写真（写真1、写真2）とそのコメントを参考までに載せました。

写真3、写真4については、皆さんが挑戦してみてください。

まずはスピード優先です。少しくらい構成や言葉が変でもかまいません。実際に声に出してくださいね。手元にある雑誌をパッとめくったり、インターネットに掲載されている写真など、身の回りのものを使ってトレーニングを続けましょう。

写真1

写真1コメント

きれいな紅葉だ。見てるだけで気分が高揚する！

2つある。紅葉、赤いのと黄色いのと。色の差が両極端だ。だからコントラストがある。

秋の典型的なシーンだ。この派手さも日本の文化の一部かもしれない。

秋には見に行こう！

写真2

写真2コメント

涼しそう！　こんな清流で涼みたい。東京にはない。いや、待てよ。奥多摩のその奥に行けばあるのじゃないか？

電車じゃいけない。車からも遠いよな。とにかく車を走らせよう。そんな1日をつくろう。それこそが心の余裕というもんだ。

来週、日曜、行くぞ。朝6時に出発だ。

写真3

写真4

あとがき

前向きなフィラーなら出してOK！

これまで十数年、話し方指導をやってきて、せっかくの素晴らしい内容があるのに、話し方で台無しになる多くの人たちを見てきました。

それは〈えー〉〈あー〉などのフィラーの連発で、いつも「もったいないな」と感じていました。

今回、フィラーの徹底解明の本のお話をいただき、これまでの経験を基に満を持して書き上げました。

本書でフィラーの実態についてよくわかっていただけたと思います。なにしろ私の文章はわかりやすいと定評があります（ポジティブ表現ですよ！）。それは、同時通訳も含め、話し方を主体とする仕事をしてきたからです。たとえば単文のほうが、ぐちゃぐちゃした複雑な長文より圧倒的に訳しやすい。そして聞きやすくわかりやすい。

そして何よりも「話す」が私には性に合うからです。それは、早いから、伝わるから、変化に富むから、面白いから、何でもできるから。

だから、皆さんにもその「話し方」の楽しさを知ってほしいのです。

第6章のトレーニングを本当にやってくださいね。すぐに読めます。読んだら「やる」へお願いします。ベストスピーカー講座では2時間のトレーニングでフィラーがなくなる人がたくさんいるんですよ。しかしそれも「やって」の話です。やるのはシンドイ。

しかし、やらずにマスターはできません。

そして、できるようになると「楽しい」。人が寄ってくる、頼んでくる、あなたが映える、カッコよく輝く。

ここで本書の「フィラーのまとめ」します。
フィラー自体は小さなことです。そして、聞き手に気にもならないようにできるのです。それは、「正のフィラー」にすることです。

「この話を聞いてほしい！」
あなたの「心」で話してください。つっかえてもいい。あなたがそんなポジティブな気持ちで話せば、人はフィラーが出ても気になんかしません。

一方、「負のフィラー」はどうでしょう。
言う気がなかったり、取り繕ったり、責任逃れの気であったり。そんな負の「気」の状態のとき、フィラーは出てきます。気になります。

いつも「正の気持ち」で話してください。それが文体全体に現れてきます。そしてそれは、文の内容、全体の内容にも現れる。内容も高まってくる。そんな言葉の選択をするようになる。そんな余裕も現れてきます。

話し方であなたの人生を成功に導いてください。

最後に、ベストスピーカーの受講生の皆さん、これを書き上げる際に役立ったさまざまな経験を提供してくださいました。私もそこから多くを学ぶことができました。本当に感謝しています。本書を読んでさらなる飛躍にチャレンジしてくださいね。

数々のエピソードを鮮やかにまとめてくださったベストスピーカーコーディネーターの高浜希三子さんにも心からお礼を申し上げます。

著者

特別付録1　少し話せる人が使ってしまう英語のフィラー

英語にもたくさんフィラーがあります。英語を話せない人からすると、何だがネイティブっぽさを感じたり、そのフィラーに何らかの重要な意図があると勘違いしがちです。

ここでは、代表的な英語のフィラーをピックアップし、それぞれの解説をしてみました。

Um　Uh

まず一番原初的なものから。吐く息がはからずも声帯を震わせてしまう音声に近いものです。まったく意味はありません。言葉に詰まったときに出る音声、〈あのー〉〈あー〉と同じです。口に出して言おうという意識はかなり低い。

よく似たカナダ英語で、〈Eh（エイ）〉がありますが、これは〈Um〉〈Uh〉とはちょっと違っていて、文の終わりに付けて〈だよね?〉とか〈でしょう?〉という付加疑問にしてしまうものです。

Well

「さて」という意で、方向転換のときに使われます。ところが〈Well, um〉というふうに使われることが多くあり、〈で、あのー〉のように言うことがまだ決まっていないときに出てくる言葉です。

Like

「みたいなー」という意味ですが、フィラーとして使われるときは、訳としては〈よくある……〉〈つまり〉というときに使われます。しかし、無意識に、何の脈絡もなく〈like...〉と言っている人もずいぶんいます。

I mean

文字どおり「私が言いたいのは」ですが、〈つまり〉〈いわば〉のように軽く用いられます。

You know

「ご存じでしょう」ではなく、〈だろ?〉程度。また文頭でまったく意味なく、何も考えなく、〈You know that...〉ではじめる人もたくさんいます。それで「私はわかっている」と言いたいのに、フッとこれが入ってきて〈You know that I know...〉となって、意味不明で笑われたりします。

And

文章の最後に、文が終わっているのにまだ文を続けていきたいとき、そんな心の表れ。日本語では〈~で……〉と繋ぐ、〈んで……〉〈そんで……〉とまったく同じです。〈And uh...〉と言う人は多くいます。

Let's see　Let me see

「見てみましょう」という本来の意味ではなくて、言うことがなくなったり、詰まったりするときに出る〈えーっと〉と同じ。

What I mean is

これは前出の〈I mean〉のちょっと意志が強く入った形で、字面どおり「私が言いたいのは！」と本当に思って言っている人は少ないです。自分の言っていることが頭の中で混乱してきたり、もしくは混乱しているととらえられていると感じたときに、このフレーズが出るのが本来の状況。しかしよく出くわすのは、言葉に詰まったときの苦し紛れ的な言い訳っぽい表現です。

The fact is

文字どおりに訳すと「事実は」ですが、実際は〈つまり……〉程度の軽い感じ。特に深い意味はありません。

Ok then

「ＯＫ！それでは次は～」ではなくて〈ま、ってわけで……〉くらいの軽さ。言葉に詰まって、もう何も言えなくなって、次に内容のあることが言えないので、とりあえずこの言葉を使って、その場の状況を切り替えようとする。

同じように口先だけで自分を切り替える〈Alright !〉もよく使われます。〈それでいい〉〈そのとおり〉。何がオールライト？　って思ってしまいます。

Anyway

〈とにかく〉〈まあ置いといて〉。勝手に切り上げるなよと思ってしまいますが、自分を切り替えるきっかけ、念仏みたいなものでしょう。みんなよく言います。聞いているほうはついて行かなきゃ仕方がないんでしょうが。

Right

〈そう〉の意。まったく前文と関係なく、またはけっこう長い話のあと、いきなり唐突に〈Right！〉からスピーチをはじめる人もいます。まったくの口癖。

〈Right〉、つまり「それは正しい」とか「言うとおりだ」なんて意味とはまったく関係なくよく使われます。「まああなたの言ってることの気持ちはわかるよ」程度の意味です。相づちとしても〈そう〉と入れるときにも入れます。

Thing is

「物は……」ではありません。〈要は！〉と自分を奮い立たせて、または物事を際立たせようとしている、または議論がここでまとまったと勝手に思っているときに使われます。あまり奮い立ってもいないし、まとまってもいないことが多いのですが……。

Kind of

本来はターゲットの品詞が出て、そのあとに〈Kind of〉を挿入させて、文意を和らげたり自信の無さを吐露したりします。「It's true, undeniable..., a kind of」のように。

また品詞の前にもスッと入れて、自分の心のふらつきを表します。

つまり、「It's uh..., kind of true...」のように、「It's true」と言い切れないときに入れます。これらのふらつきの心が常態化すると、もう無意識的にどこでもフラフラ入れてしまう人もいます。「I uh, kind of uh...」と言う人は「何かをこう言ってやろう！」という心はまったく決まっていません。

Sort of

これもまったく同様です。「同じ種類の」ではなくて、〈みたいなぁ〉くらいの意味。これがもっと口語化して意味が軽くなると、〈Kinda〉や〈Sorta〉のようにきっちり発音するのもはばかるほどに崩れてくる。〈ちょっと……〉程度の意味のない意味です。

Just

日本語で言う〈ちょっと〉にあたるかもしれません。「きっちり」「きっかり」「狂いもなく」という意味で言っている人はほとんどいません。大体が、〈Just uh〉と言っています。意味不明の挿入語です。

まだまだいくつもありますが、これくらいは英語を日常話す人ならすぐに誰でも浮かぶでしょう。つまり日々出くわしているのです。

これらが「Filler」だと断言してはばからないのは、これらが〈Um〉〈Uh〉を除き、ちゃんと意味を持つ英語の単語・文節であるにもかかわらず、これらの語のほとんど、言ったあとにすぐ〈Uh…〉のフィラーが付いて、一体となって出てくるのが実際のところだからです。

だから、「What I mean is that ;」とはっきり発音していれば、それは絶対フィラーではありません。ほとんどの場合が「What I mean is uh…」と言われているのです。

余談になりますが、これらをふだんの英語会話で耳慣れて、口慣れて、こういうことをパッと言えることが「英語がうまくなった1つの証しかもね」と思っている人がいます。大きな勘違いです。

皆さんは、日本語を学んでいる外国人さんが「えっとですねー」「ってわけで～」「つまりぃ」「なんか～」「なんだろ」などを羅列したら、「おっ日本語うまいねぇ」と思いますか。軽いなぁって思ってしまうでしょう。

ここで取り上げたフレーズや単語はそういう種類のものなのです。日本語でも同じだということに、すでに気がついているはずです。

特別付録２　「桃太郎」短文と長文で読み比べ

同じ「桃太郎」でも、フィラーが出ないものと、出るものがあります。そして、わかりやすいものと、なかなか頭に入ってこないものがあります。

ここまでお読みになった皆さんならわかるはずです。

では実際に「桃太郎」のストーリーを見ていきましょう。上段が短いセンテンスを中心にまとめたもの。下段は長いセンテンスのものです。

まず、上段をじっくり見てストーリーの展開を頭に残してください。

シーン①桃太郎が生まれた、シーン②大きくなって鬼ヶ島に行くと決意した、シーン③犬・猿・キジがついてきた、シーン④鬼と戦った、シーン⑤勝って村に凱旋《がいせん》した。

それぞれの場面の状況を頭で描ければ大丈夫。空で声に出してみましょう。シーンを頭で追いかけていけばできるはずです。一字一句覚える必要はなく、自分の言葉を積極的に使い、最後まで語りましょう。

一方、下段を見て、「これは1回パッと見ただけじゃ二度と復唱できないや！」と思うはずです。

事実そうです。間違っても覚えないでくださいね。

短いセンテンスの桃太郎

シーン①

昔々。

あるところにおじいさんとおばあさんがいました。

おじいさんは山へ柴刈りに。

おばあさんは川へ洗濯に行きました。

すると。

川上から大きな桃が、どんぶらこどんぶらこと流れてきました。

おばあさんは大喜び。

その桃を家に持って帰りました。

長いセンテンスの桃太郎

シーン①

昔々、あるところにおじいさんとおばあさんが住んでいました。

いつもおじいさんは山へ柴刈りに行っていまして、そしておばあさんは川へ洗濯に行っていたというそういう日々のなか、ある日おばあさんが洗濯していますと、川上から大きな桃が、どんぶらこどんぶらこと流れてきましたのでおばあさんは大喜びでその桃を家におじいさんとおばあさんが、その桃を食べようと割りました。

そのとたんに、「おぎゃー」と泣き声。

桃の中から元気な男の子が飛び出してきました。

シーン②

子どものいなかったおじいさんとおばあさん。

大喜びです。

「桃から生まれたので桃太郎だ！」

こう名付けました。

そして、大切に大切に育てました。

すくすく成長した桃太郎。

村の宝物を盗んだ鬼を退治しようと決心。

「鬼ヶ島へ鬼退治に行くぞ！」


持って帰りまして、おじいさんとおばあさんが、その桃を食べようとして、えいーっと、包丁で割ったとたんに、「おぎゃー」と、桃の中から元気な男の子が飛び出してきました。

シーン②

子どものいなかったおじいさんとおばあさんは大喜びで、そうだ、桃から生まれたので桃太郎と名付けたらいいじゃないかということで名前は桃太郎になりました。

それからおじいさんとおばあさんは桃太郎を大切に大切に育てたので、桃太郎はすくすく元気に成おばあさんはきび団子をつくってあげました。

桃太郎はそれを腰にぶらさげた。

「いざ、鬼ヶ島へ！」

出発しました。

シーン③

道中、犬が現れました。

「きび団子を1つください。」

桃太郎は言いました。

「一緒に鬼ヶ島へ鬼征伐に行こう。」

そう言って、きび団子をあげました。

今度は、猿が現れた。

またきび団子を欲しがった。


長しました。

大きくなった桃太郎は、村の宝物を盗んだ鬼を退治しようと決心して鬼ヶ島へ行くと言って、おばあさんはそれならと、きび団子をつくってあげたので、桃太郎はそれを腰にぶらさげて、「いざ、鬼ヶ島へ」と出発しました。

シーン③

その道中のことなんですが、犬が現れ、「きび団子を1つください」と欲しがったので、桃太郎は、一緒に鬼ヶ島へ鬼征伐に行くことを約束するならあげてもいいよと言って、きび団子を与えました。

今度は、猿が現れ、きび団子を

また鬼退治に行くことを約束させた。
そしてきび団子を与えました。
もう少し行くとキジが現れました。
またきび団子を欲しがりました。
同じように鬼退治に行くことを約束させて。
そしてきび団子をあげました。
こうして犬、猿、キジの3匹。
桃太郎の家来となりました。
さあ、桃太郎はいっしょに船で鬼ヶ島へ！

シーン④

鬼ヶ島に上陸！
鬼たちは酒盛りの真っ最中！
さあ、桃太郎と3匹の家来は攻め込んだ。
酔っぱらって油断した鬼たち。

欲しがったので、また鬼退治に行くことを約束するならと言ってきび団子を与えました。

もう少し行きますと次にキジが現れ、きび団子を欲しがったので、うーん、お前もかと言って同じように鬼退治に行くことを約束させて、こうして犬、猿、キジの3匹は桃太郎の家来となりましたので、桃太郎と共に船で鬼ヶ島へと向かいました。

シーン④

到着いたしますとそこでは鬼たちが酒盛りの真っ最中でして、そこに桃太郎と3匹の家来は攻め込んだのですが、酔っぱらって油断犬は噛みつく！
猿はひっかく！
キジは突っつく！
桃太郎たちの大勝利！

シーン⑤

桃太郎たちは宝物を取り戻しました。
それは、鬼が、村から奪ったもの。
そして意気揚々と村へ大行進！
村人たちは大喜び！
ばんざい、ばんざい桃太郎。
おしまい。

していた鬼たちは桃太郎の激しい攻撃、どんな攻撃かと言いますと、犬は鬼に噛みついて、猿は引っ掻いたりして、キジはくちばしで急所を突っつきましたので、鬼たちはそれに立ち向かうことはできず、桃太郎は大勝利を収めたということです。

シーン⑤

桃太郎たちは鬼が奪って行った宝物を取り戻して、そして、意気揚々と村へ持ち帰りましたところ村人たちは良くやってくれたと大喜びで桃太郎を迎えましたとさ。

以上が拙いご説明でしたが桃太郎のお話ということになります

高津和彦（こうづかずひこ）

スピーチトレーナー。現・ベストスピーカー・ベストプレゼン主任講師、株式会社ベストスピーカー教育研究所代表取締役、服部天神宮学園服部幼稚園理事。DJからレポーター、アナウンサー、キャスター、国際レセプションの通訳・司会、法廷通訳まで、多方面で活躍。

関西大学法学部、カナダ・カルガリー大学政治学科を卒業。「次代のアナウンサーはバイリンガルだ」と考え、アナウンサー養成学校、サン放送アカデミーを卒業。さまざまなテレビ、ラジオ番組を経て、ビジネス話し方ワークショップ「ベストスピーカー」を設立。以後、スピーチインストラクターとして「即、実戦レベルに」をモットーに専門のアナウンス技術を活かし指導を行う。さらに、「通るプレゼン」技術を「ベストプレゼン」講座で教授。すぐれた英語力と交渉術を活かし、英語でのプレゼン指導も精力的に行っている。

著書に『あがってしまうシーンでも相手にきちんと伝わる「話し方」の授業』（日本実業出版社）、『スラスラ浮かぶスピーチのネタ』（DO BOOKS）など多数。

ベストスピーカー　https://best-speaker.com/

スピーチや会話の「えーっと」がなくなる本

2019年9月20日　初版発行

著　者　**高津和彦**

発行者　**太田　宏**

発行所　**フォレスト出版株式会社**

〒162-0824

東京都新宿区揚場町2-18白宝ビル5F

電　話　03-5229-5750（営業）

　　　　03-5229-5757（編集）

URL　http://www.forestpub.co.jp

印刷・製本　**中央精版印刷株式会社**

ISBN978-4-86680-052-3　Printed in Japan